DON QUIJOTE. UNA OBRA DE TEATRO ROMÁNTICA

MABEL DEARMER

Don Quijote. Una obra de teatro romántica

Edición, introducción y traducción
María José Álvarez Faedo

GREC
GRUPO DE ESTUDIOS
CERVANTINOS

El *Quijote* y sus
interpretaciones

Luna de
Abajo

OVIEDO 2023

Universidad de Oviedo

GRUPO DE ESTUDIOS
CERVANTINOS

Colección El *Quijote* y sus
interpretaciones, n.º 13

DIRECTORES:
Emilio Martínez Mata
y María Fernández Ferreiro
http://grec.grupos.uniovi.es/

© DE LA EDICIÓN:
María José Álvarez Faedo

TÍTULO ORIGINAL:
Don Quixote. A Romantic Drama

EDITA:
Luna de Abajo
https://www.lunadeabajo.com/
DISEÑO:
Pandiella y Ocio

1.ᴬ EDICIÓN: septiembre 2023

EDICIÓN DIGITAL PDF:
Gratuito para lectura
online y descarga
—
EDICIÓN EN PAPEL:
DEP. LEGAL: AS 00735-2024
ISBN: 978-84-86375-73-7

A mi padre, que, como don Quijote,
es digno caballero de memorables alabanzas.

ÍNDICE

Prefacio de la empresa colaboradora

Mi vínculo con *El ingenioso hidalgo don Quijote de la Mancha* viene de lejos. Era pequeño cuando me regalaron una versión infantil y cuando leímos varios capítulos en el colegio, posteriormente. Su compañero en algunas andanzas, Sancho Panza, el supuesto yelmo de Mambrino y el episodio de los gigantes marcaron mi imaginación durante años, hasta que con más edad pude deleitarme con una versión ilustrada por Gustavo Doré y disfrutar con el placer de su lectura íntegra.

Cuatro siglos después de su primera edición, el *Quijote* sigue teniendo relevancia y sigue siendo de actualidad, pues en su texto se encuentran multitud de referencias útiles para entender muchas situaciones relacionadas con la vida cotidiana hoy en día. La universalidad de la obra de Cervantes tiene ahora una especial importancia dada la globalización de la economía y del conocimiento. Y, en particular, la globalización de las empresas que, con la contribución de los últimos avances científicos, en muchos casos, han conseguido que su actividad y sus proyectos puedan alcanzar un impacto tan universal como la propia novela cervantina.

Cuando desde E2IN2 tuve conocimiento de los trabajos que desarrolla el Grupo de Estudios Cervantinos de la Universidad de Oviedo, no dudé ni un momento en ponerme en contacto con las personas que lideraban la iniciativa para ofrecer nuestra colaboración con el fin de aumentar el alcance de su labor y la difusión del talento creativo e investigador en torno a la obra de Cervantes, haciéndola accesible de manera más global.

Es justamente esta dimensión global de E2IN2 y de su proyecto Civie el hecho que justifica el patrocinio de parte de la edición de los ejemplares de la colección «El *Quijote* y sus interpretaciones». Apoyar el talento creativo, académico y emprendedor está en nuestro ADN y es por ello por lo que E2IN2 desea contribuir a que el conocimiento del *Ingenioso hidalgo* y de su autor, así como las interpretaciones que se han hecho por parte de múltiples autoras y autores —y, por ende, esta colección—, pueda ser accesible a quienes deseen conocerla y profundizar desde países lejanos. Para llevar nuestra colaboración a la práctica haremos esfuerzos para hacerla llegar a diferentes bibliotecas e instituciones.

Con esta iniciativa de patrocinio, E2IN2 desea contribuir a la difusión del conocimiento sobre la mejor novela de todos los tiempos y a la excelente tarea que lleva a cabo el Grupo de Estudios Cervantinos de la Universidad de Oviedo, además de, por supuesto, a la difusión de nuestra lengua.

Espero que disfruten de esta colección tanto como he disfrutado cada vez que me he acercado a la lectura del *Quijote*.

VALENTÍN E. DE TORRES-SOLANOT DEL PINO

INTRODUCCIÓN

En un artículo de 2009, decía J. A. G. Ardila que, sobre *Don Quixote. A Romantic Drama* de Mabel Dearmer, nadie había escrito nada (2009: 212) y, en la nota al pie número 4, en esa misma página, añadía que «no cuentan el volumen entre sus fondos la National Gallery of Scotland ni la biblioteca de la University of Cambridge ni la Bodleian Library de la University of Oxford. Solo posee copia de esta obra la British Library, aunque durante algún tiempo ha estado ilocalizable». Ardila (2009: 211) también asegura que no aparece referencia alguna a Dearmer en *La Gran Enciclopedia Cervantina*.

Pues bien, mi objetivo desde que leí ese artículo fue localizar un ejemplar de la obra en cuestión, y escribir sobre ella. Tras una intensa búsqueda, conseguí hallar el preciado volumen en una librería de segunda mano en Lincolnshire, Inglaterra, y en esta edición pretendo ofrecer una traducción de la misma en primicia,[1] analizando, tras una breve biografía de la autora en la introducción, los aspectos del *Quijote* que la dramaturga destaca en su obra, y determinando hasta qué punto *Don Quixote. A Romantic Drama* es una obra romántica, como su título indica.

---

[1] Esta edición se ha realizado en el marco del proyecto «Recreaciones teatrales del Quijote» (RETEQ) (Ref: MCI-20-PID2019-111485GB-I00), financiado por la Agencia Estatal de Investigación del Ministerio de Ciencia e Innovación.

Mabel Dearmer

La autora, Jessie Mabel Pritchard White (luego Dearmer, al adoptar el apellido de su esposo como rezaba la costumbre inglesa) fue una novelista y dramaturga inglesa, además de autora e ilustradora de cuentos para niños, que nació el 22 de marzo de 1872 en Bryn Eglwys, Llanbeblig, Caernarfon (Gales) y falleció el 15 de julio de 1915, a la edad de 43 años, tras haber llevado una vida apasionante. Fue una pacifista comprometida —de hecho, falleció mientras cuidaba de los heridos en Serbia durante la Primera Guerra Mundial—.[2] Lo cierto es que Mabel Dearmer llevaba esa vocación en sus genes, pues su padre —el mayor William White (1816/17-1875), casado con Selina Taylor Pritchard (1842-1926)— había sido cirujano en el ejército hindú.

Mabel White fue educada en Londres por W. G. Willis, hasta que ingresó en la Escuela de Arte de Hubert von Herkomer en Bushey, al norte de Londres, en 1891. Allí iba a estudiar solo un año, pues abandonó su formación para casarse con el reverendo Percy Dearmer, un sacerdote socialista —autor de *El manual del párroco* (*The Parson's Hand Book*), que era un manual de liturgia para clérigos anglicanos, y editor de *El Himnario Inglés* (*The English Hymnal*), además de, aproximadamente, otras sesenta obras— con quien compartió su vida, que iba a estar caracterizada por una gran actividad cultural y política, y por un compromiso incondicional con ideales socialistas, pacifistas y feministas.

Percy Dearmer fue vicario en Lambeth, al sur de Londres, hasta que le nombraron ministro de la iglesia de Santa María

---

[2] Se puede acceder a más información sobre la autora en Dearmer (1915), Mitchell (1965), Mancing (2004), Stetz (2004), Bailey (2016), Maltz (2012) y Mammana (2016).

Percival (Percy) Dearmer.[3]

la Virgen en Primrose Hill en 1901, donde residieron hasta 1915 y criaron a sus dos hijos, Geoffrey y Christopher.

En comparación con la mayoría de las mujeres de su tiempo, Mabel Dearmer viajó mucho, pues, por aquella época, visitó Francia, Italia, Alemania, Tobago, la Guayana Británica y Venezuela.

Su gran energía, su arte e inspiración la llevaron a trabajar, en 1896, como ilustradora para varias publicaciones,[4]

---

[3] Percy Dearmer fotografiado por Frederick Hollyer alrededor de 1980. Esta fotografía se conserva en la «Prints, Drawings & Paintings Collection» del Museo de Victoria y Alberto en Londres. Ha sido descargada de: https://collections.vam.ac.uk/item/O103226/reverend-percy-dearmer-photograph-hollyer-frederick/.

[4] *The Yellow Book* (1894-97), *The Savoy* (1896) y *The Studio* (1893-1964). Cuando Aubrey Beardsley dejó su puesto de editor en *The Yellow Book,* Mabel Dearmer se convirtió en la primera mujer en hacer una portada y una primera página para esa revista (concretamente, para el número 9).

hasta que decidió dedicarse a ilustrar cuentos para niños.[5] En realidad, no empezó a escribir para adultos hasta 1902.[6]

Durante la Primera Guerra Mundial su esposo se ofreció voluntario como capellán de la Cruz Roja Británica y ella lo acompañó, como enfermera de la Tercera Unidad de Auxilio, a Serbia en abril de 1915 y visitaron, de camino, Atenas. Pero en Serbia ella enfermó de fiebre tifoidea en junio y, poco después, iba a fallecer de neumonía el 15 de julio de ese mismo año.[7] Su hijo pequeño, Christopher, habría de perder la vida en la campaña de Galípoli solo tres meses después, mientras que su hijo mayor, Geoffrey Dearmer, sorteó los avatares de una larga existencia, llegando a cumplir 103 años.

---

[5] *Wymps, and Other Fairy Tales* (1897) y *All the Way to Fairyland* (1898) de Evelyn Sharp, y *The Story of the Seven Young Goslings* de Laurence Housman (1899). También ilustró alguno de los cuentos escritos por ella misma: *Round-about Rhymes* (1898), *The Book of Penny Toys* (1899), y *The Noah's Ark Geography* (1900).

[6] *The Noisy Years* (1902) y su secuela *Brownjohn's* (1906), su autobiografía *The Difficult Way* (1905), la novela histórica *The Orangery: A Comedy of Tears* (1904), *The Alien Sisters* (1908), y *Gervase* (1909). Como dramaturga, fundó en 1911 la Morality Play Society, que llevó a escena producciones de sus obras *The Soul of the World* y *The Dreamer*.

[7] Sus cartas fueron publicadas a título póstumo con el título *Letters from a field hospital. With a memoir of the author by Stephen Gwynn*. Otras obras de Mabel Dearmer son: *A Child's Life of Christ* (1907), *The Sisters* (1908), *Nan Pilgrim* (1909), *A Cockyolly bird* (1913), *Brer Rabbit and Mr. Fox* (1914) (obra de teatro para niños) y *The Cockyolly Bird: A Book of the Play* (1914).

Los restos de Mabel Dearmer descansan en el cementerio
de Kragujevac en Serbia, junto a los de la Dra. Elizabeth Ross
y la enfermera Lorna Ferriss.

Don Quijote. Una obra de teatro romántica y la crítica

Diana Maltz (2012: 3-4), profesora del departamento de Estudios Ingleses en la Universidad de Oregón, y estudiosa de Mabel Dearmer, explica que:

> La propia fusión que ofrece Mabel Dearmer de buenas obras y buen arte trasluce más vívidamente a través de sus cuentos religiosos para niños y su autoría y producción de autos sacramentales y obras de teatro infantiles. Sus contemporáneos evocaban su instinto natural para el teatro. Como profesional de la elocución, había ofrecido lecturas públicas en 1894 de la obra *Brand* de Henrik Ibsen (1865), una obra cuyos temas anticipan a los de sus propias ficciones posteriores.[8]

Sin embargo, en la relación de obras de teatro de la autora objeto de estudio, omite *Don Quijote. Una obra de teatro romántica*, como se puede comprobar en lo que comenta sobre la faceta teatral de la autora:

> Inspirada por un auto sacramental sobre la Pasión de Cristo que vio en Alemania en 1910, fundó la Morality Play

---

[8] «Mabel Dearmer's own fusion of good works and good art appears most vividly through her religious stories for children and scripting and producing of mystery plays and children's plays. Her contemporaries recalled her natural instinct for the theatre. A trained elocutionist, she had offered public readings in 1894 of Henrik Ibsen's *Brand* (1865), a play whose themes anticipate those in her own later fictions (she also produced the promotional poster for the readings herself)» (Maltz 2012: 3-4). Todas las traducciones al español que aparecen en esta obra son de la editora de la misma.

Society en 1911, para la que montó producciones de sus obras *The Soul of the World* (1911) y *The Dreamer* (1912). Como le gustaba dirigir a los niños en obras de Navidad para la parroquia, revisó su *The Noah's Ark Geography* y la convirtió en una obra para niños, titulada *The Cockyolly Bird* y publicada como libro en 1914. También escenificó múltiples producciones de su *Brer Rabbit and Mr. Fox* (1914).[9]

Esa omisión resulta curiosa, dado que, en 1916, ya aparecía incluida en la edición de Stephen Gwynn de *Three Plays* de Mabel Dearmer y, en 1999, Jill Shefrin incluía el *Don Quixote* de Dearmer en la bibliografía de su conferencia «Dearmerest Mrs. Dearmer» (1999: 47), toda vez que la alaba como dramaturga en los siguientes términos: «Cuando George Bernard Shaw vio su moralidad, *The Soul of the World* (*El alma del mundo*) (1911), le escribió: "Eres una de las pocas personas vivas que puede escribir obras de teatro"»[10] y añadía las palabras de Gwynn cuando afirmaba que, de haber sobrevivido, Mabel Dearmer «habría terminado por tener su propio teatro profesional» (Shefrin 1999: 36-37).[11]

Entonces, si Mabel Dearmer era una prometedora dramaturga, ¿qué ocurrió con su *Don Quixote*? ¿Por qué no se

---

[9] «Inspired by a passion play she attended in Germany in 1910, she founded the Morality Play Society in 1911, mounting productions of her plays *The Soul of the World* (1911) and *The Dreamer* (1912). Adept at directing children in parish Christmas plays, she revised her *Noah's Ark Geography* as a children's play, entitled *The Cockyolly Bird* and published as a book in 1914. She also staged multiple productions of her *Brer Rabbit and Mr. Fox*» (1914).

[10] «When George Bernard Shaw saw her morality play, *The Soul of the World* (1911), he wrote to her, "You are one of the few people living who can write plays"» (Shefrin 1999: 36).

[11] «... had she survived, she would have ended up with her own professional theatre» (Shefrin 1999: 37).

publicó hasta después de su fallecimiento? Stephen Gwynn nos ofrece las respuestas a esas preguntas en el prólogo de su edición de 1916: «Sus obras de teatro, escritas para ser representadas, fueron apareciendo una a una en formato libro para acompañar sus representaciones; y *Don Quijote*, la primera que escribió, quedó sin publicar porque no se representó».[12] Gwynn alaba la belleza de esa obra y confiesa que no entiende por qué ningún director quiso llevarla a escena.[13]

---

[12] «Her dramas, written to be acted, appeared singly in book form to accompany performances; and *Don Quixote*, the earliest written, remained unpublished because unplayed» (Gwynn 1916: 1). Véase Pardo (2013).

[13] «Nunca he entendido por qué algún actor-director perspicaz no probó fortuna con su *Don Quijote*». («I have never understood why some discerning actor-manager did not try his fortune with her *Don Quixote*») (Gwynn 1916: 3).

Estructura de *Don Quijote. Una obra romántica*

Ya al inicio de la obra, incluso antes del prólogo, Mabel Dearmer espeta al público toda una declaración de intenciones en su «Nota»:

En esta obra don Quijote no es solo el visionario, y soñador, sino el hombre esencialmente cuerdo. Toda la acción de la obra está determinada por su sabiduría en momentos cruciales. Él, «el loco», altera el destino y el carácter de todos los implicados en la obra. Su locura es irascibilidad (siempre anunciada por la música, la «melodía de Dulcinea»); se muestra su comienzo, su culminación en la aventura con los molinos de viento, y su final. Los molinos de viento, para el público, deben ser formas desdibujadas; para don Quijote eran monstruos, la encarnación del mal del mundo. Tan solo cuando se muestra derrotado, con espada y casco rotos a la luz del día, los consigue ver como molinos de viento. En la aventura con el encantador, don Quijote está volviendo gradualmente a la «cordura» del mundo. Cuando consiente que lo lleven en la jaula ya duda de sí mismo, y empieza a sospechar que está siendo víctima de un engaño. El Epílogo muestra la agonía de su humillación, el dominio pasajero del mero materialismo y la conclusión con el triunfo final de «Dulcinea», el dechado de virtudes, tocando el mundo cotidiano con su belleza inmortal.[14]

---

[14] «In this play Don Quixote is not only the visionary, and dreamer, but the essentially sane man. The whole action of the play is determined by his wisdom at crucial moments. He, "the madman," alters the destiny and the character of everyone concerned in the play. His madness is a distemper (always heralded by music, the "Dulcinea

La obra está estructurada en cinco actos, que no se denominan así, sino del siguiente modo: el primero se llama «Prólogo» y la escena se desarrolla en la biblioteca de don Quijote, donde la sobrina (aquí doña Juana), el ama de llaves y el cura (que aquí es Dr. Pérez) deciden que, tras la llegada de don Quijote (después de no haber dado señales de vida en seis días por haber estado de correrías con Sancho, luchando contra gigantes, según él), ataviado con una armadura oxidada a lomos de un espantajo de rocín, deben quemar los malos espíritus en la hoguera. El ama de llaves pone reparos a tan drástica idea, pero el cura sentencia categóricamente: «La cordura del amo Quijada es más importante para mí que cien libros. Mientras sigan aquí no se acabará su locura» (p. 55).[15] El ama de llaves vuelve a poner reparos, pero empieza a sacar los libros de las estanterías, para luego tirarlos por la ventana al patio. Mientras, don Quijote sube hacia ellos, embelesado con su mente en Dulcinea, sin percatarse de lo que están haciendo. De hecho, su embelesamiento es tal, que le quitan el libro que tiene entre las manos sin que se entere. Él está más pendiente de las nuevas que le trae Sancho, tras haberle llevado una carta a Dulcinea, y le pregunta si la besó, a lo que Sancho responde negativamente y añade: «¿No ves que

---

motif"); its beginning is shown, its culmination in the adventure with the windmills, and its end. The windmills to the audience must be dim forms; to Don Quixote they were monsters, the embodiment of the world's evil. It is only when he is shown defeated with broken sword and helmet in the light of day that they are seen to be windmills. In the adventure with the enchanter, Don Quixote is gradually returning to the "sanity" of the world. When he consents to be carried off in the cage, he has grown doubtful of himself, and half suspects that he is being duped. The Epilogue shows the agony of his humiliation, the momentary dominance of mere materialism, and the end of the final triumph of "Dulcinea," the ideal, touching the everyday world with immortal beauty» (Gwynn 1916: 10).

[15] Todas las referencias a la obra *Don Quijote. Una obra de teatro romántica* son de esta edición en español.

estoy tomando un vaso de vino, estúpido? Ponla encima de ese saco hasta que acabe». Sancho espera un poco a ver si su señor responde y añade: «Después de un rato la vi leyéndola». A lo que don Quijote responde: «¡Oh, hermosa discreción!, ¡excelencia sin par! ¿Y qué joya te dio al marchar?» (p. 59). Sancho da muestras de no entender a su señor, y le explica que, en realidad, la dama se partió de risa al leer la carta y todo lo que le dio fue una cebolla y un poco de queso.

La hilaridad de este prólogo no solo está presente en el modo en que el cura, el ama de llaves y la sobrina tratan de deshacerse de los libros sin que los vea don Quijote, sino también en los intercambios verbales de don Quijote y Sancho, donde, como en la obra de Cervantes, contrastan las nobles expectativas de don Quijote con la cruda realidad de Sancho, que sigue siendo interpretada por su señor como algo maravilloso, pues la respuesta de don Quijote a estas palabras de Sancho no es otra que «esto no es un sueño. Juro que no es un sueño. Di, buen escudero, ¿no tienes una palabra de alabanza para tu dama?», a lo que Sancho, tras pensárselo, responde: «Diré, maese don Quijote, que la Sra. Dulcinea tiene la mejor mano para salar cerdos de todo El Toboso» (p. 59). Al término de su intercambio verbal con Sancho, se percata de que le falta el libro que tenía entre las manos, y de que tampoco están los de sus estanterías. Y cuando su sobrina le explica que se los llevó un encantador en un dragón, bastó que don Quijote oliera el humo de la pira donde le estaban quemando los libros en el patio para que inmediatamente identificara a ese encantador con un mago de nombre Frestón, enemigo suyo, y llamase a Sancho para que le trajese sus armas a fin de entablar combate. Y cuando su sobrina trata de impedírselo, Dearmer pone en boca de don Quijote un hermoso monólogo sobre la locura, en el que invoca a sus héroes de la caballería andante, desde Amadís hasta Arturo para que le socorran. En ese momento, desaparecen las paredes del escenario en la oscuridad, y según se va haciendo la luz, van apareciendo todos los caballeros con sus nombres en sus estandartes, a la vez que él los va nombrando uno a uno y suena música. La escena termina con don Quijote invocando a su Dulcinea, a cuya llamada acude «coronado», que no armado «caballero» (p. 68).

La segunda escena se denomina: «Primera aventura: la aventura con los dos ejércitos». Se desarrolla en un bosque, y el primer personaje en escena es la bella Dorotea, ataviada como si de un joven se tratara, cantando, y explicando al público lo raro que es para ella tener que hacerse pasar por un hombre.

Salen a escena Sancho y Quijote, que han salido en busca del mago Frestón, y Dorotea se esconde. Alguien más llega, y don Quijote asegura que no va a dejarle pasar si antes no declara que la sin par Dulcinea del Toboso es la dama más hermosa (p. 71).

Quien llega no es otro que Cardenio, y le responde que no tendrá problema en afirmarlo si antes se la muestra para comprobarlo. Don Quijote responde que eso sería demasiado fácil, y que tendrá que fiarse de su palabra (p. 72). De lo contrario, entrarán en singular combate. Sancho le explica que tiene que seguir la corriente a su amo, pues está loco y piensa que es un caballero andante. Cardenio comprende entonces, y cumple los deseos de don Quijote. Pero, entre tanto, Dorotea ha salido de su escondite, y, cuando don Quijote la increpa, creyendo que es un muchacho, ella corre hacia Sancho y le pregunta qué es un caballero andante, a lo que él responde: «Un mendigo hoy y un emperador mañana, al menos eso dice él» (p. 74).

Cuando don Quijote pide a Cardenio que vaya a contar a Dulcinea cómo su caballero andante le perdonó la vida, Cardenio se percata de que Dorotea es una mujer, y ella les cuenta su desdicha: cómo su marido la traicionó con otra mujer e intentó compensárselo con joyas, pero ella no pudo perdonarle y huyó lejos a esconderse de ellos.

Cardenio, entonces, les cuenta su propia desdicha: cómo, cuando pretendía casarse con su amada, llegó el hijo del duque de Andalucía y, con sus riquezas, conquistó a la familia de la dama y a ella misma. Cuando Dorotea le pregunta si el noble y su dama se habían llegado a casar, Cardenio responde que lo ignora. Al término de su conversación, descubren que Luscinda, la amada de Cardenio, es la mujer por la que la dejó su marido, el duque de Andalucía. Don Quijote la anima a vengarse de él, pero ella replica que lo ama y que no busca venganza. Entonces el caballero se ofrece a encontrarlo, y trata de contener las ansias de venganza de Cardenio diciéndole que la fe se compra con fe y el amor, con amor (p. 81). A Cardenio le sorprende la sabiduría de las palabras de don Quijote, que contrasta con la locura de sus acciones, pero Dorotea solo ve en él «un caballero andante y un auténtico caballero (por su cortesía)» (p. 84).

Don Quijote no vislumbra aventura alguna en esa situación, pues no hay nada extraordinario en ella (ni gigantes, ni encantadores), sin embargo, una música que oye en su cabeza le dice que algo va a ocurrir, y espera. Pronto divisa la polvareda levantada por dos ejércitos y arremete contra ellos, aunque resultan no ser otra cosa que rebaños de ovejas.

El acto tercero se denomina: «La segunda aventura: la aventura con los gigantes». Y tiene escenas. En la escena primera se halla en una posada don Quijote, sentado, recomponiéndose tras la batalla, acompañado de Dorotea. Mientras discuten con el posadero sobre el menú de la cena, entra Luscinda, sin aliento. Entablan conversación, y les explica que quiere ingresar en un convento debido a sus infortunios: había huido del matrimonio que le habían organizado sus padres para irse con su amado, pero resultó que él no la había esperado y ella estaba furiosa con él. Cuando les dice el nombre de su amado, Cardenio, Dorotea pide a don Quijote que tome cartas en el asunto, y este trata de reconfortar a Luscinda con sabias, aunque crípticas, palabras y consigue calmar su ira. Acaba saliendo, porque quiere irse en pos de aventuras, y entra Cardenio, que había estado buscando a don Quijote, y tiene un feliz reencuentro con Luscinda, quien dice de don Quijote que «ese extraño caballero determina todos nuestros destinos» (p. 106). Él se despide y, cuando se va, viene un oficial con unos soldados en su busca por estar loco, al haber atacado a un pastor y a sus rebaños. Pero, en la posada, los dirigen en la dirección opuesta a la que tomó el caballero. Y Dorotea sentencia que, si él está loco, entonces todos los grandes hombres lo están (p. 109).

En la escena segunda Sancho está en el campo, con los molinos desdibujados al fondo, muy distantes. Entra Cardenio en escena y se interesa por si han hecho acopio de provisiones, pero Sancho está más preocupado por haber perdido a su amo, quien aparece seguidamente en escena, luchando contra los molinos de viento.

El cuarto acto es: «La tercera aventura: la aventura con el encantador». Se hallan ahora en los bosques del Duque. Antonio explica a Cardenio que la Duquesa ha invitado a don Quijote porque está loco: cree que es un caballero andante y ella le va a poner en situaciones extremas que ha diseñado para él expresamente. Cardenio se lo cuenta a Luscinda y a Dorotea, que se sienten ofendidas por lo que pretende hacer la Duquesa y se alegran de estar ahí para ayudar a su amigo don Quijote.

La Duquesa comienza a mofarse de su locura delante de sus invitados, pero, como don Quijote no se inmuta, decide mandar buscar a Dulcinea del Toboso y la trae ante él (p. 124). Pero este no la reconoce, y luego se lo llevan los oficiales en una jaula, no sin antes dejar a todos asombrados con su caballerosidad, educación y decoro, hasta el punto de que a la propia Duquesa se le saltan las lágrimas.

Entre tanto, Fernando se encuentra con Cardenio, Luscinda y Dorotea, y se reconcilia con su esposa. Trata de convencer a los oficiales para que no se lleven al caballero preso en esa jaula, pero le responden que tienen que asegurarse de que esté custodiado. Entonces Cardenio les ruega que lo lleven a su casa en la Mancha, donde su sobrina y su ama de llaves se encargarán de custodiarlo. A fin de que don Quijote no se sienta humillado por ir enjaulado, la Duquesa idea un plan para que lo haga por su propia voluntad: el mago Frestón quiere que vaya ante él de esa guisa, o, si no, pondrá en peligro la vida de la Duquesa. Por supuesto, el caballero accede inmediatamente.

El quinto acto es el «Epílogo»: el ama de llaves y la sobrina están preocupadas por las andanzas de don Quijote, pero llega el cura, y les anuncia que ya viene. A ellas les preocupa si ha recobrado la cordura, pero el cura lamenta el que lo haya hecho, pues ahora es muy desdichado, porque ha perdido su otro mundo, en el que era feliz. La Duquesa y sus amigos, que han viajado a la Mancha, quieren verlo, pero no se lo permiten, de modo que se esconden, para verlo de lejos.

Don Quijote pregunta a su sobrina qué aprendió en su ausencia, y ella le explica que aprendió «que la muerte es, a veces, hermosa, aún más hermosa que la vida, y que sería en vano vivir sin honor» (p. 147). Él queda maravillado.

Cuando Sancho le llama «amo don Quijote», él le corrige: «¡No, Quijada, ahora! Muerto está el nombre de mi humillación» (p. 147). Y se disculpa por haberlo arrastrado consigo en su locura. Ya solo le queda «comer, [...] dormir y luego, Dios mediante, [...] morir» (p. 148).

Al oír esas palabras, sus amigos salen de su escondite, y le dicen cómo el conocerle fue determinante en sus vidas, y de qué manera les hizo bien. Al llegar el turno de la Duquesa, ella confiesa cómo cambió su vida, hasta el punto de caer irresistiblemente rendida de admiración hacia él, pues mutó la maldad de su corazón en un sentimiento de amor hacia los demás. Las palabras de la Duquesa llevan al Sr. Quijada a pensar que, tal vez, su Dulcinea no haya desaparecido del todo. La obra termina con sus amigos ensalzando las bondades de don Quijote y su sabiduría, negándose a permitir que don Quijote desaparezca.

Mabel Dearmer, siempre adelantada a su tiempo, consigue subvertir ciertos desenlaces y logra llevar la obra hacia el final glorioso que, a su entender, merecía don Quijote.

Una obra romántica

El *Quijote* fue «la influencia literaria más importante en la novela del siglo XVIII» (Karl 1974: 54); «ninguna otra literatura nacional asimiló la idea de don Quijote más profundamente que la inglesa» (Staves 1972: 193); «el hecho de que todos lo leen con placer demuestra que vale la pena leerlo» (Bowle 2015: 47). Estas y otras muchas alabanzas a la novela de Cervantes ponen de manifiesto la realidad de que, en el siglo XVIII, se convirtió en todo un icono en Inglaterra. Sin embargo, fueron los románticos quienes pusieron de relieve, por primera vez, la complejidad del *Quijote* de Cervantes:[16] «sus distintos niveles y su autoanálisis» (Bertrand 1914: ii). Debido al hecho de que la Inglaterra del siglo XIX hubiera ido un paso más allá en la interpretación del *Quijote*, y de que fuera una novela de todos conocida, no es de extrañar que Mabel Dearmer decidiera crear una adaptación teatral del *Quijote*.[17]

No se sabe a ciencia cierta cuándo pudo haber escrito su obra de teatro *Don Quixote. A Romantic Drama,* ya que nunca fue llevada a escena, por lo que carecemos de la referencia de una fecha de representación, pero tuvo que ser en algún momento entre 1902 (cuando, como se ha dicho, empezó a escribir obras para adultos) y su fallecimiento, en 1915, ya que fue incluida en la edición de un volumen que contenía tres de sus obras dramáticas y que publicó Stephen Gwynn en 1916, a título póstumo.

Como acabo de mencionar, Mabel Dearmer tituló su adaptación teatral *Don Quixote. A Romantic Drama,* y voy

---

[16] Véase Bertrand (1914).

[17] Una versión más breve de este apartado fue presentada como comunicación por la editora de este volumen en el Congreso de la Asociación Internacional de Siglo Oro (AISO 2023), que se celebró en Oviedo entre el 17 y el 21 de julio de 2023.

a empezar recordando lo que hace del *Quijote* una obra romántica, para poder ir, a la vez, analizando la obra de teatro, con la intención de comprobar si también presenta esas características.

> *Don Quijote* tiene lo que toda novela desea, dos centros y dos niveles de significado. En primer lugar tenemos el nivel de acción: la primera parte de *Don Quijote* consiste en las violentas aventuras que acontecen a don Quijote y, con consecuencias más graves, a los personajes que están relacionados con las novelas intercaladas. Después sigue el nivel de reflexión, la segunda parte de la novela, que consiste en gran parte en charadas que reflexionan sobre las aventuras de la primera parte y las explotan. En esta segunda parte, se revela el significado, la profundidad y, como lo llama Schlegel, la personalidad de las acciones (Brown 1979: 203-204).[18]

Esos distintos niveles de acción y reflexión que explicaba Brown también están presentes en *Don Quixote. A Romantic Drama*. Por ejemplo, cuando deciden echar los libros de don Quijote a la hoguera, el ama de llaves pone reparos a tan drástica acción, pero el cura despeja sus dudas con esta reflexión: «La cordura del amo Quijada es más importante para mí que mil libros. Mientras sigan aquí no acabará su locura» (p. 55).

En el último acto, como ya se ha mencionado, don Quijote quiere que su sobrina le diga qué lección aprendió en su ausencia, y ella le responde «que sería en vano vivir sin honor» (p. 147). Él queda gratamente sorprendido porque, al fin, su sobrina comprendió la importancia del honor que él siempre había defendido a capa y espada.

---

[18] La cita de Friedrich Schlegel a la que alude Brown es de *Literary Notebooks* (1957: 203).

Como también se ha apuntado con anterioridad, cuando Sancho se dirige a él como «amo don Quijote» (p. 147), él reniega de tal nombre. Don Quijote parece avergonzarse tanto del nombre que había adoptado como caballero andante como de sus correrías, y se disculpa con su vecino por haberlo arrastrado consigo en su locura. El caballero claudica y asume que ya solo le queda «comer, [...] dormir y luego, Dios mediante, [...] morir» (p. 148).

Sin embargo, Cardenio, Luscinda, Dorotea, don Fernando y la Duquesa salen de su escondite, y le explican cómo el conocerle les cambió la vida. La obra termina con sus amigos ensalzando a don Quijote y su sabiduría, negándose a permitir que desaparezca.

Este episodio nos lleva a Friedrich Bouterwek, filósofo y crítico literario alemán, autor, en 1804, de *Geschichte der spanischen Poesie und Beredsamkeit* (*Historia de la literatura española*), que, en relación con los elementos intercalados, sostenía que:

> La conexión esencial de estos episodios con el todo a veces se ha escapado a la observación de los críticos, que han considerado secundarias las partes donde Cervantes ha manifestado más decididamente el espíritu poético de su obra... La encantadora historia de la pastora Marcela, la historia de Dorotea, y la historia del rico Camacho y del pobre Basilio están indudablemente conectadas con el interés del todo. Estas partes románticas serias... no son, es verdad, esenciales a la narración, pero pertenecen a la característica dignidad de todo el conjunto (1847: 238).

Del mismo parecer era Anthony Close (1978: 31), quien atribuyó a los románticos el haber señalado que las novelas intercaladas eran parte integrante del libro. Pues bien, Mabel Dearmer escoge el relato de Cardenio y Luscinda y de Dorotea y Fernando, para ir intercalándolo a partir del segundo acto hasta el final de la obra. Y le confiere esa dimensión romántica a su *Don Quixote*, pues, como ya he apuntado, el caballero se gana el cariño y el respeto de sus nuevos amigos: Cardenio, en el cuarto acto, se entera de que la Duquesa ha invitado a don Quijote para burlarse de él, y se lo cuenta a Luscinda y a Dorotea, que se sienten ofendidas por lo que pretende hacer la Duquesa y se alegran de estar ahí para ayudar a su amigo don Quijote.

La Duquesa comienza a mofarse de la locura del protagonista delante de sus invitados, pero don Quijote no se inmuta, sino que deja a todos asombrados con su caballerosidad, educación y decoro, hasta el punto de que a la propia Duquesa se le saltan las lágrimas.

Cardenio, Luscinda, Dorotea y Fernando dejan de ser personajes de un relato para convertirse en personajes de la obra de Mabel Dearmer: su historia no solo es parte integrante de la obra, sino que pasa a fundirse con la propia trama de la misma.

Otra de las características del Romanticismo que señala Anthony Close es «la idealización del héroe y la negación del propósito satírico de la obra» (Close 1978: 1). Tras lo dicho en el apartado anterior, es evidente que Mabel Dearmer idealizó a su protagonista, y lo hizo hasta el punto de darle otro final, distinto del de Cervantes, y más glorioso. Y, en cuanto a la «negación del propósito satírico de la obra», otro de los aspectos que Bertrand (1961-1962: 155) destaca es el hecho de que los primeros románticos hayan fijado su atención en «el carácter profundamente cómico de la novela». Y así lo corroboró la crítica: Friedrich Bouterwek, en 1804, afirmó que don Quijote era «el prototipo indudable de la novela cómica» (1847: 239). En cuanto a esa comicidad, Mabel Dearmer, en el primer acto, denominado «el prólogo de la obra», mientras le están quemando la biblioteca a don Quijote, ajeno a lo que está ocurriendo, reproduce el episodio en el que este espera ansioso las noticias que Sancho le trae de su Dulcinea:

DON QUIJOTE

¿Y qué estaba haciendo la Reina de la Belleza?
¿Estaba ensartando perlas de oriente en una guirnalda?
¿O bordando curiosos objetos con hilo de oro?

SANCHO

(Rascándose la cabeza y totalmente perplejo). No, señor.
No vi perla alguna ni tampoco oro, a decir verdad. La
encontré aventando un paquete de maíz en el patio
trasero.

DON QUIJOTE

(Algo sorprendido y decidido a sacarle el mayor partido).
Cada grano de ese trigo era una perla, puesto que ha
tocado su hermosa mano.

SANCHO

Al contrario, señor; lejos de ser perlas, tan solo era
trigo de segunda; y fue eso lo que me hizo dudar de
la alcurnia de la dama (p. 58).

Mabel Dearmer reproduce a la perfección la comicidad de Cervantes en su obra, recreando situaciones que, como esta, funcionaron perfectamente en la novela para provocar la hilaridad fruto del contraste entre la ensoñación de don Quijote y las bofetadas de realidad de Sancho.

Lienhard Bergel, por su parte, (1947: 324) destacó el que los románticos hubieran sido «los primeros en describir la sutileza lingüística» de la novela cervantina. Ciertamente, los románticos ingleses: Keats (Murry 1935), Coleridge (Foakes 1989), Shelley (Suddard 1912), Byron (Wilson Knight 2011), se habían rendido previamente ante el bardo de Stratford-upon-Avon y su maestría en el uso del lenguaje. Pues bien, esa admiración también fue compartida por Mabel Dearmer, que escribió una obra de teatro en la que los personajes nobles (como don Quijote y su sobrina) se expresan en pentámetro yámbico, al más puro estilo shakespeariano, mientras que sus personajes de clase baja, como Sancho, hablan en prosa, como ocurre en las obras del dramaturgo inglés.

Y la autora pone en boca de su Quijote un monólogo sobre la locura que bien podría haber sido pronunciado por el mismísimo Hamlet:

> ¡Loco! —dicen—. ¡Está loco!
> La fuerza despierta en mi interior. El poder de mi alma
> podría abarcar el mundo entero, engullir mares profundos,
> superar las colinas más altas, y convertir las estrellas
> en mis trofeos adornados de lentejuelas. Aun así dicen:
>   ¡está loco!
> ¡Loco! ¡Loco! ¡Aldonza! ¡Ay, la reina Dulcinea,
> la verdadera reina de la alegría y del amor!
> Mas, ¿qué dijo Sancho? Me siento desfallecer a la hora
>   de pensar,
> que este sólido globo de Tierra se sumerge en un sueño,
> y los sueños toman cuerpo. Sin embargo, ¡no estoy loco!
> ¿Por qué no creer en mi sentido común
> antes que en el buen juicio de Sancho? Yo tengo un alma
> y él, un cuerpo, he ahí la diferencia.
> El mundo grita «¡loco!». Pues al carajo el mundo.
> Los hombres se han vuelto locos por amor, por lujuria,
>   por oro;
> yo me volveré loco por honor (p. 64).

Mabel Dearmer hace gala en toda su obra de una sutileza lingüística que, sin duda, es la suya, pero que demuestra inspirarse claramente en la sutileza lingüística que William Shakespeare desplegaba en sus obras, tan admiradas, al igual que la novela cervantina, por los autores románticos ingleses.

Gerhart Hoffmeister (1980: 171-172) *los alabó por ser los primeros en darse cuenta de que* el uso de personajes pertenecientes a la clase baja resultaba ser una buena estrategia. De hecho, la presencia de Sancho Panza como contrapunto a don Quijote es uno de los grandes aciertos de Cervantes, valorado también por la propia Mabel Dearmer, que lo caracteriza en su obra con la bonhomía y la lucidez del original cervantino.

La autora introduce también los personajes del Posadero y la Posadera, que contribuyen a la hilaridad cuando Luscinda llega a la posada acompañada de la Abadesa, muy hambrientas las dos, y ellos tratan de convencerla de que no hay comida (porque la estaban preparando para ellos mismos), hasta que Sancho, guiado por su buen olfato, revela que tienen un guiso exquisito, provocando que no les quede otro remedio que compartir sus viandas.

Daniel Eisenberg (1995: 194) incide en otro aspecto también interesante: que los románticos «también fueron los primeros en entender el complejo punto de vista de Cervantes sobre la caballería: que, al mismo tiempo que atacaba la falsa literatura caballeresca, defendía lo que entendía como caballería verdadera», ya que «sentía una considerable simpatía por algunos de los libros que atacaba, con la única condición de que se presentaran e interpretaran como literatura ("poesía"), en lugar de como historia».[19]

Mabel Dearmer sin duda comparte esa admiración por la caballería, pues hace que don Quijote invoque a la flor y nata de la caballería andante y la traiga a escena, mientras pronuncia su hermoso monólogo sobre la locura:

---

[19] Lo cierto es que hubo una evidente discrepancia entre los románticos a la hora de interpretar la novela cervantina: «De hecho, no hubo una única interpretación o imitación romántica; cada autor entendió a Cervantes según su propio temperamento» («*En fait, il n'y eut pas une interprétation ni une imitation romantiques; chaque écrivain a compris Cervantes selon son tempérament*») (Bertrand 1914: 631).

¡Sin embargo, y, sin embargo,
podría haber visto el amanecer de la caballería
en Grecia, en Roma, en Gran Bretaña, ese día pleno
cuando la caballería irrumpió en un mundo encadenado
y rompió los grilletes! ¡Aun así, quedan algunas ataduras,
los desamparados aún claman por ayuda, y las doncellas
    suspiran.
Mientras esto sea así, los caballeros andantes seguirán
    existiendo.
¿Soy un caballero? Mis ojos, mi cerebro, se oscurecen,
nublados por las sombras acuosas, que alguna luna
arroja desde un cielo lejano.
¡Ayudadme, oh héroes,
Amadís, Roldán, Arturo, socorredme,
venid, viajad desde el pasado! Soy yo quien llama,
don Quijote de la Mancha.
[...]
Las murallas se desvanecen, y mientras se disipa la oscuridad,
pasan AMADÍS DE GAULA y una compañía de caballeros, luego
ROLDÁN y otra compañía. Los caballeros llevan estandartes
con el nombre de cada ciclo. [...] Pasan CARLOMAGNO y los
PALADINES, luego los CABALLEROS de la Mesa Redonda. El
nombre de cada caballero inscrito en un estandarte: LAN-
ZAROTE DEL LAGO, TRISTÁN DE LEONÍS, SIR GALAHAD, y el
resto. Por último, pasa el rey ARTURO (p. 64-66).

La autora trae sobre el escenario a los caballeros andantes que pueblan la mente de don Quijote mientras él mismo
se cuestiona su locura, y, sin embargo, él es consciente de
que están todos muertos, pero, aun así, los invoca. Mabel
Dearmer, lejos de criticar la caballería, en esa obra muestra
su admiración por ella, pues los personajes que, en la novela
de Cervantes, se acaban burlando de don Quijote, aquí van
a ensalzar los valores caballerescos del protagonista.

Volviendo, de nuevo, a Eisenberg (1995: 196), este concluye que, a pesar de que los románticos discrepasen sobre cómo interpretar la novela de Cervantes, «parece que estaban de acuerdo en que no debía considerarse a don Quijote solo como un libro de caballerías burlesco, que, aunque empezó como tal, rebasa su propósito original», y añade: «casi todos los temas contradictorios que se han encontrado en el movimiento romántico son los que los románticos dijeron que habían encontrado en Cervantes»: una naturaleza idealizada, la problemática entre el individuo y la sociedad, y la fascinación por la Edad Media (Lussky 1932 e Immerwahr 1951).

En cuanto a la naturaleza idealizada, en la segunda escena del acto tercero, las direcciones escénicas describen el lugar así:

De noche. Un brezal. Al fondo hay tres molinos de viento, pero en tal oscuridad que, al principio, no se distinguen. Hay hierba crecida y algunos árboles retorcidos.
SANCHO PANZA está dormido a la derecha, con la cabeza sobre un montículo de hierba: entra CARDENIO por la izquierda.

CARDENIO
(*Mirando a su alrededor*). ¡No hay rastro de don Quijote! Este es un lugar de los que le gustan, lo suficientemente desierto y desolado para cualquier caballero andante (p. 111).

Unas líneas más adelante, don Quijote empieza viendo la tierra según es en realidad, pero, paulatinamente, comienza a idealizarla, en cuanto la relaciona con su mundo caballeresco:

Tierra yerma y hambrienta, vacía como el corazón de un
  avaro:
y, sin embargo, el aire se acelera al acercarme,

la hierba es elocuente, las ramas cantan:
¡mi campo de batalla está aquí! ¡Aquí! ¡Aquí! ¡Y ahora! (p. 114).

Esa tierra yerma, de repente, pasa a ser idealizada y «elo-cuente» para él, porque va a ser «su campo de batalla», es decir, el escenario de otra de sus aventuras.

Para ver plasmada la problemática entre el individuo y la sociedad, baste señalar que Mabel Dearmer presenta, como Cervantes, a un don Quijote que va a ser objeto de burlas en casa de la Duquesa, como explica el Mayordomo: «ya había oído que el caballero era un hombre muy fantástico y diver-tido. La fiesta de esta noche va a celebrarse en su honor, y la Duquesa ha ideado ella misma muchas extravagancias para engañarle aún más» (p. 118). Sin embargo, a diferencia de en la novela cervantina, aquí cuenta con aliados, como revela Dorotea: «¡Ay! Me alegro de que hayamos quedado para venir a esta fiesta. Al menos tendrá a sus amigos con él» (p. 119). De hecho, con ese apoyo incondicional de sus amigos, la autora nos ofrece un final feliz y glorioso para don Quijote, quien, en su obra, es capaz de tornar la envidia y la maldad del mundo en admiración.

En cuanto a la fascinación por la Edad Media, el resurgi-miento del interés por la literatura medieval (romances) en el Romanticismo es evidente, desde el momento en que se denominó *romántico* este movimiento debido a que ese térmi-no significaba «en el espíritu de los romances» (Immerwahr 1972: 18-19 y 1970: 39-40; Lovejoy 1916: 385-396 y 1917: 65-77),[20] y Mabel Dearmer sabía que no había mayor experto en ro-mances que Cervantes, el autor de, en palabras de Schlegel, «el más romántico de los romances» (citado en Immerwahr

---

[20] El vocablo *romántico* surgió en Inglaterra, donde «"romántico" sig-nificaba "como en un romance", y por tanto "medieval" y "caballe-resco"» (Tymms 2020: 3).

1972: 54).[21] Además, a principios del siglo XIX, el autor vivo más famoso de la época, sir Walter Scott, el responsable del resurgimiento de la caballería en Inglaterra (Lockhart 1837), que admiraba profundamente a Cervantes, hasta el punto de incluir más de cien alusiones a don Quijote (Wolfe 1932: 301-311) en sus obras, «como autor se comparó a Cervantes» (Skinner 1973: 335).[22] En la obra de Mabel Dearmer, esa fascinación por la Edad Media se materializa en la ya mencionada retahíla de caballeros andantes que plagan el escenario durante la ensoñación del protagonista mientras pronuncia su monólogo sobre la locura, y también en cómo el resto de personajes van cayendo rendidos ante los valores de honor y justicia de la caballería andante que defiende don Quijote.

Si tenemos en cuenta que August Wilhelm Schlegel describió al *Quijote* como «la obra perfecta del arte romántico culto» (Wellek 1949: 6) y Ludwig Tieck afirmó que es «sin duda el único libro en el que se ha elevado a verdadera obra de arte el humor, el placer, la burla, la seriedad y la parodia, la poesía y el ingenio, las más grandes aventuras imaginarias y las realidades más duras de la vida» (Lussky 1932: 122), no es de extrañar que, cuando Mabel Dearmer decidió escribir

---

[21] *Literary Notebooks*, citado en Immerwahr, «The Word *romantisch*», p. 54. El término *romance* aplicado al *Quijote* tiene distintas connotaciones genéricas en un contexto alemán y en uno inglés. En Inglaterra *romance* se había considerado durante cierto tiempo inferior a su sucesor, la *novela*; en Alemania, *Roman* significaba 'novela' (véase Atkins 1972: 45-52). En ambos casos, el romance es el género más antiguo, y se estimaba conveniente que reviviera o que se extrajeran algunas de sus cualidades. España era romántica porque era medieval, lo que se interpretaba como católica, sentimental, irracional (véase Van Maelsaeke, 1967: 34; sobre el sentido religioso del interés romántico por la Edad Media, véase Wilson 1982).

[22] Para una comparativa entre sir Walter Scott y Miguel de Cervantes, véanse Hagberg (1838), Bell (1932), McDonald (1959), Welsh (1981), Wolpers (1986), Müller (1988), Müllenbrook (1999) y Moro Martín (2014).

su propia adaptación teatral del *Quijote,* lo hiciera como obra de teatro romántica, con los ingredientes que los románticos habían alabado en la novela de Cervantes, como se ha demostrado: los distintos niveles: incluyendo nivel de acción y de reflexión, así como su autoanálisis; el carácter cómico de la novela, las novelas intercaladas como parte integrante del libro, la sutileza lingüística, el uso de personajes pertenecientes a la clase baja, el complejo punto de vista de Cervantes sobre la caballería, una naturaleza idealizada, la problemática entre el individuo y la sociedad, y la fascinación por la Edad Media. Por todo ello, efectivamente, puedo afirmar que el *Don Quixote* de Mabel Dearmer es, realmente, una obra de teatro romántica.

Aunque Mabel Dearmer mantiene la comicidad en su obra, sigue las pautas del romanticismo inglés, sin abusar de su dramatismo en su enfoque, pues, en todo momento, prevalecen los altos ideales del caballero, hasta el punto de que la autora nos ofrece un final feliz y glorioso para don Quijote, quien, en su obra, es capaz de tornar la envidia y la maldad del mundo en admiración.

Esta traducción

Esta traducción se ha hecho a partir de la edición publicada por Stephen Gwynn de *Don Quixote, A Romantic Drama,* que incluyó, junto con otras dos obras de teatro de la misma autora *(The Dreamer, A Poetical Drama* y *The Soul of the World, A Mystery Play)* en un volumen al que dio el título de *Three Plays by Mabel Dearmer,* publicado en 1916 en Londres por Erskine MacDonald, y para el que el propio Gwynn escribió la introducción.

Antes de empezar a traducir, la primera decisión que tuve que afrontar fue la de si debía trasvasar el texto origen en inglés a un texto meta en español contemporáneo, o si sería más oportuno preservar los rasgos arcaizantes del lenguaje de don Quijote. Considerando que la obra de teatro de Mabel Dearmer, por una parte, adapta la novela cervantina al teatro, y, por otra, lo hace seguramente a partir de una de las traducciones al inglés de la novela cervantina existentes en la época —y una traducción no deja de ser una adaptación a otra lengua—,[23] dado que la autora conserva el característico lenguaje de don Quijote presente en el texto español —pues, al creerse el hidalgo un caballero andante medieval, como aquellos que protagonizan los libros de caballerías, habla de manera similar—, mi primera decisión fue la de conservar los rasgos del lenguaje de don Quijote, debido a que es una característica inherente a la identidad de caballero andante que asume el personaje.

---

[23] A finales del siglo XIX ya existían numerosas traducciones al inglés del *Quijote,* entre las que destacaré las de Thomas Shelton (1612 y 1620), John Phillips (1687), Edward Ward (1700), Pierre Antoine Motteux (1700-1703), Charles Jarvis (1742), Tobías Smollet (1782), Alexander James Duffield (1881), John Ormsby (1885) y Henry Edward Watts (1895).

Pronto se me planteó otro reto, ya que, teniendo en cuenta que los personajes «nobles» de la obra, como don Quijote, su sobrina, Cardenio, Dorotea, Luscinda y don Fernando, por ejemplo, hablan en verso blanco —mientras que los de clase social baja, como Sancho, el Ama de llaves o el Cura, por mencionar algunos, lo hacen en prosa—, al más puro estilo de los personajes del teatro de los grandes dramaturgos renacentistas ingleses, otra decisión que tuve que tomar fue la de si debía mantener esa distinción en mi traducción. A fin de resaltar esa diferenciación, para los personajes que hablan en prosa, el texto de sus intervenciones se introduce a continuación de sus nombres, mientras que, en el caso de los personajes que hablan en verso, sus palabras no se ubican a continuación de sus nombres, sino debajo de ellos.

Solo espero que esta edición haya logrado reproducir en la lengua de Cervantes las sutilezas, ironía e hilaridad que Mabel Dearmer nos regaló en la lengua de Shakespeare.

Bibliografía citada

Ardila, Juan Antonio G., «Don Quijote en el Romanticismo inglés: *A Romantic Drama* de George Almar (1833) y *A Comic Opera* de Harriet Stewart», *Cervantes. Journal of the Cervantes Society of America*, 29.2 (2009), pp. 209-230.

Atkins, Stuart, «*Wilhelm Meisters Lehrjahre:* Novel or Romance?», en *Essays on European Literature in Honor of Liselotte Dieckmann, Washington University Press, St. Louis, 1972, pp. 45-52.*

Bailey, Alison, «Dearmer, (Jessie) Mabel Prichard (1872-1915)», en *Oxford Dictionary of National Biography* (edición en línea), Oxford University Press, Oxford, 2016. En https://www.oxforddnb.com/search?q=Dearmer+%5Bnée+White%5D%2C+%28Jessie%29+Mabel+Prichard+%281872–1915%29%2C+illustrator%2C+writer%2C+and+nursing+orderly.

Bell, Aubrey, «Scott and Cervantes», en *Sir Walter Scott Today. Some Retrospective Essays and Studies*, ed. H. J. C. Grierson, Constable, Londres, 1932, pp. 69-90.

Bergel, Lienhard, «Cervantes in Germany», en *Cervantes Across the Centuries*, ed. A. Flores y M. J. Benardete, Dryden Press, New York, 1947, pp. 305-342.

Bertrand, J.-J. A., *Cervantes et le romantisme allemand*, Librairie Félix Alcan, París, 1914.

—, «Renacimiento del cervantismo romántico alemán», *Anales Cervantinos*, 9 (1961-1962), pp. 143-167.

Bouterwek, Friedrich, *Geschichte der spanischen Poesie und Beredsamkeit*, vol. III, Göttingen, 1804, de *Geschichte der Poesie und Beredsamkeit seit dem Ende des Dreizehnten Jahrhunderts*, 12 vols., Göttingen 1801-1819.

—, *History of Spanish Literature*, trad. T. Ross, David Bogue, Londres, 1847.

Bowle, John, *A letter to the Reverend Dr. Percy,* Leopold Classic Library, Londres, 2015.

Brown, Marshall, *The Shape of German Romanticism*, Cornell University Press, Ithaca, 1979.

Close, Antony, *The Romantic Approach to Don Quixote: A Critical History of the Romantic Tradition in Quixote Criticism*, Cambridge University Press, Cambridge, 1978.

Dearmer, Mabel, *A Child's Life of Christ*, ilustrado por Eleanor Fortescue-Brickdale, Methuen, Londres, 1896.

—, *Round-about Rhymes*, ilustrado por Mabel Dearmer, Blackie &
Son, Londres, 1898.

—, *The Book of Penny Toys*, ilustrado por Mabel Dearmer, Macmillan,
Londres, 1899.

—, *The Noah's Ark Geography*, ilustrado por Mabel Dearmer, Macmillan, Londres, 1900.

—, *The Noisy Years*, ilustrado por Eva Roos, Smith, Elder, Londres, 1902.

—, *The Orangery. A Comedy of Tears,* Smith, Elder, Londres, 1904.

—, *The Difficult Way*, Smith, Elder, Londres, 1905.

—, *Brownjohn's*, Smith, Elder, Londres, 1906a.

—, *A Child Life of Christ,* ilustrado por Eleanor Fortescue-Brickdale,
Dodd, Mead & company, Nueva York, 1906b.

—, *The Alien Sisters*, Smith, Elder, Londres, 1908.

—, *Gervase*, Macmillan & Co. Limited, Londres, 1909a.

—, *Nan Pilgrim*, [manuscrito no publicado], obra representada en el
Court Theatre, Londres, 1909b.

—, *The Playmate. A Christmas Mystery Play*, ilustrado por Helen Strat-
ton. A. R. Mowbray, Londres, 1910.

—, *The Soul of the World. A Mystery Play of the Nativity and the Passion,*
A. R. Mowbray, Londres, 1911.

—, *The Dreamer: A Drama of the Life of Joseph*, A. R. Mowbray, Londres, 1912.

—, *Brer Rabbit and Mr. Fox: A Musical Frolic*, Joseph Williams, Londres, 1914a.

—, *The Cockyolly Bird. The Book of the Play*, ilustrado por Mabel Dearmer, Hodder and Stoughton, Londres, 1914b.

—, «Memoir», *Letters from a field hospital,* Macmillan, Londres, 1915a,
pp. 1-73.

—, *Letters from a Field Hospital. With a memoir of the author by Stephen Gwynn*, Macmillan, Londres, 1915b.

—, *Don Quixote. A Romantic Drama*, en *Three Plays. Don Quixote.
A Romantic Drama. The Dreamer. A Poetical Drama. The Soul
of the World. A Mystery Play*, M. Dearmer, ed. E. MacDonald,
Londres, 1916a, pp. 9-101.

—, *Three Plays. Don Quixote. A Romantic Drama. The Dreamer. A
Poetical Drama. The Soul of the World. A Mystery Play*, ed. E.
MacDonald, Londres, 1916b.

—, «The Talisman» [traducción manuscrita no publicada], [s.f.].

Eisenberg, Daniel, «La influencia de Don Quijote en el romanticismo», en *La Interpretación Cervantina del «Quijote»*, D. Eisenberg, Compañía Literaria, Madrid, 1995, pp. 193-208.

Gwynn, Stephen, «Preface», en *Three Plays. Don Quixote. A Romantic Drama. The Dreamer. A Poetical Drama. The Soul of the World. A Mystery Play*, M. Deamer, ed. E. MacDonald, Londres, 1916, pp. 5-8.

Hagberg, Carl August, *Cervantes et Walter Scott. Parallèle littéraire*, C. F. Berling, Lund, 1838.

Hazlitt, William, «Standard Novels and Romances», en *The Collected Works of William Hazlitt: Contributions to the Edinburgh Review*, J. M. Dent & Company, Edimburgo, 1904, pp. 25-43.

Hoffmeister, Gerhart, *España y Alemania. Historia y documentación de sus relaciones literarias*, trad. I. Gómez Romero, Gredos, Madrid, 1980.

Hollyer, Frederick, «Reverend Percy Dearmer», *Portraits of many persons of note photographed by Frederick Hollyer in three volumes*, vol. III, 1890. En «Prints, Drawings & Paintings Collection» del Museo de Victoria y Alberto en Londres. En https://collections.vam.ac.uk/item/O103226/reverend -percy-dearmer-photograph-hollyer-frederick/.

Housman, Laurence, *The Story of the Seven Young Goslings*, Blackie & Son LTD, Londres, 1899.

Immerwahr, Raymond, «The Subjectivity or Objectivity of Friedrich Schlegel's Poetic Irony», *Germanic Review*, 26 (1951) pp. 173-191.

—, «*The Word Romantisch* and Its History», en *The Romantic Period in Germany*, ed. S. Prawer, Weidenfeld and Nicolson, Londres, 1970, pp. 34-63.

—, «"Romantic" and its Cognates in England, Germany and France before 1790», en *«Romantic» and Its Cognates: The European History of a Word*, ed. H. Eichner, University of Toronto Press, Toronto, 1972, pp. 17-97.

Karl, Frederick R., *A Reader's Guide to the Eighteenth Century English Novel*, Noonday, Nueva York, 1974.

Lockhart, John Gibson, *Memoirs of the Life of Sir Walter Scott*, 7 vols., ed. R. Cadell, John Murray and Whittaker & Co., Edimburgo, Londres, 1837.

Lovejoy, A. O., «The Meaning of "Romantic" in Early German Romanticism, Part I», en *Modern Language Notes*, 31 (1916), pp. 385-396.

—, «The Meaning of "Romantic" in Early German Romanticism, Part II», en *Modern Language Notes*, 32 (1917), pp. 65-77.

Lussky, Alfred, *Tieck's Romantic Irony, with Special Emphasis upon the Influence of Cervantes, Sterne, and Goethe*, University of North Carolina Press, Chapel Hill, 1932.

Maelsaeke, D. van, «The Paradox of Humour: A Comparative Study of *Don Quixote*», *Theoria: A Journal of Social and Political Theory*, 28 (1967), pp. 24-42.

Maltz, Diana, «Mabel Dearmer (1872-1915)», en *The Yellow Nineties Online*, ed. D. D. y J. Kooistra, Lorraines, Ryerson University, Toronto, 2012, pp. 1-5. En http://www.1890s.ca/HTML.aspx?s=dearmer_bio.html.

Mammana, Richard J., «Discovering Mabel Dearmer», *The Living Church*, 12 de junio, 2016, pp. 16-17.

Mancing, Howard, «Mabel Dearmer», en *The Cervantes Enciclopedia*, vol. I, Greenwood Press, Londres, 2004, p. 183.

McDonald, W. U. Jr., «Scott's Conception of *Don Quixote*», *Midwest Review*, 1 (1959), pp. 37-42.

Mitchell, David J., *Monstrous Regiment: The Story of the Women of the First World War*, Macmillan, Nueva York, 1965.

Moro Martín, Alfredo, «Cervantismos Olvidados: Sir Walter Scott», en *Comentarios a Cervantes: Actas selectas del VIII Congreso Internacional de la Asociación de Cervantistas*, coord. E. Martínez Mata y M. Fernández Ferreiro, Fundación María Cristina Masaveu Peterson, Oviedo, 2014, pp. 300-309.

Müllenbrook, Heinz J., «Scotts *Waverley* als 'Respons' auf Cervantes's *Don Quixote*», *Literaturwissenschaftliches Jahrbuch im Auftrage der Görres Gesellschaft*, 40 (1999), pp. 139-154.

Müller, Wolfgang G., «Sir Walter Scotts *Waverley* und die *Don Quijote*-Tradition», *Arcadia*, 23 (1988), pp. 133-148.

Pardo, Pedro Javier, «De mito a la novela: el Quijote y su sombra en la narrativa británica del siglo xx y xxi», en *Recreaciones quijotescas y cervantinas en la narrativa*, ed. C. M. Induráin, Eunsa, Pamplona, 2013, pp. 195-210.

Schlegel, Friedrich, *Literary Notebooks, 1797-1801*, ed. H. Eichner, University of Toronto Press, Toronto, 1957.

Sharp, Evelyn, *Wymps, and Other Fairy Tales*, ed. J. Lane, The Bodley Head, Londres, 1897.

—, *All the Way to Fairyland*, ed. J. Lane, The Bodley Head, Londres, 1898.

Shefrin, Jill, «"Dearmerest Mrs. Dearmer" a lecture given at the Osborne Collection in Lillian H. Smith branch, Friends of the Osborne and Lillian H. Smith Collections», Toronto, 1999, pp. 1-49. En http://www.teetotum.ca/ DearmerestMrsDearmer.pdf.

Sismondi, Jean Charles Leonard Simonde de, *De la Littérature du Midi de L'Europe*, 3 vols., Treuttel y Würtz, París y Estrasburgo, 1813.

—, *Historical View of the Literature of the South of Europe*; trad. Thomas Roscoe, 4.ª edición, II, ed. G. Bell, Londres, 1885.

Skinner, John Ledger, *Changing Interpretations of «Don Quixote», from «Hudibras» to «Pickwick»*, tesis, Universidad de Cambridge, Cambridge, 1973.

Staves, Susan, «Don Quixote in Eighteenth-Century England», *Comparative Literature*, 24 (1972), pp. 193-215.

Stetz, Margaret D., *Gender and the London Theatre, 1880-1920*, Riverdale, High Wycombe, 2004.

Tymms, Ralph, *German Romantic Literature*, Routledge, Londres, 2020 [1955].

Wellek, René, «The Concept of "Romanticism" in Literary History», *Comparative Literature*, 1 (1949) pp. 1-23.

Welsh, Alexander, *Reflections on the Hero as Quixote*, Princeton University Press, Princeton, 1981.

Wilson, James D., «The Romantic Communal Impulse: A Search for Providential Order», *The Romantic Heroic Ideal*, capítulo 3, Louisiana State University Press, Baton Rouge, 1982, pp. 65-93.

Wolfe, Clara Snell, «Evidences of Scott's Indebtedness to Spanish Literature», *Romanic Review*, 23 (1932), pp. 301-311.

Wolpers, Theodor, «Der romantische Leser als Kriegheld und Liebhaber: Poetisierung der Realität in Walter Scotts "*Waverley*"», en *Gelebte Literatur in der Literatur. Studien zu Erscheinungsformen und Geschichte eines literarischen Motivs*, ed. T. Wolpers, Vandenhöck, Göttingen, 1986, pp. 185-197.

Mabel Dearmer.[24]

[24] Mabel Dearmer, Fotografía. Yellow Nineties 2.0, editada por Lorraine Janzen Kooistra, Ryerson University Centre for Digital Humanities, 2020. En https://1890s.ca/dearmer_portrait.

DON QUIJOTE.
UNA OBRA DE TEATRO ROMÁNTICA

con un prólogo, tres aventuras, y un epílogo

*Basada en la trama
de Cervantes*

Personajes

• Don Quijote • Sancho Panza • Cardenio • Don Fernando • El Cura • El Posadero • El Alguacil • El Mayordomo • El Lacayo • El Pastor • Dorotea • Luscinda • La Sobrina • El Ama de llaves • La Abadesa • La Duquesa • La Mujer del Posadero • Fantasmas, Pastores, Séquito, Señores, Damas, Soldados, Demonios

Nota

En esta obra don Quijote no es solo el visionario y soñador, sino el hombre esencialmente sensato. Toda la acción de la obra está determinada por su sabiduría en momentos cruciales. «El loco» altera el destino y el carácter de todos los involucrados en la obra. Su locura es una destemplanza (siempre anunciada con música: «la melodía de Dulcinea»). Se muestran sus inicios, su culminación en la aventura de los molinos, y su final. Los molinos deben ser formas difusas para el público; para don Quijote eran monstruos, la personificación de la maldad del mundo. Solo se ve que se trata de molinos a la luz del día, cuando se le muestra derrotado, con la espada y el casco quebrados. En la aventura con el encantador, don Quijote va volviendo paulatinamente a la «cordura» del mundo. Cuando consiente que se lo lleven en la jaula, ha empezado a dudar de sí mismo y medio sospecha que está siendo engañado. El Epílogo muestra la agonía de su humillación, el dominio momentáneo del mero materialismo, y el desenlace, el triunfo final de «Dulcinea», conmoviendo al mundo, cada día, con su belleza inmortal.

DON QUIJOTE

Prólogo

La biblioteca de DON QUIJOTE. *En el medio, contra la pared, hay una estantería. A la izquierda hay una ventana a través de la que se ve un paisaje de la Mancha. Una puerta a la izquierda. Otra justo en el centro. A la derecha se yergue una armadura oxidada. Hay una mesa, unas sillas viejas de respaldo recto y una escalera de peldaños apoyada contra los libros cerca de la ventana.*

Se ve al AMA DE LLAVES *andando por la habitación muy agitada. Es una vieja sirvienta de cara colorada y buen corazón y está ataviada según la moda de aproximadamente 1590. La* SOBRINA, *que está junto a la puerta invitando a entrar al* CURA, *es una bonita joven de diecinueve años. El* CURA, *o* PÁRROCO, *es un anciano bondadoso, de pelo cano, y maneras conciliadoras. Según entra, el* AMA DE LLAVES *deja de llorar y le hace una reverencia.*

SOBRINA Entre, Dr. Pérez. Queremos que rocíe cada esquina de esta habitación con agua bendita.

AMA DE LLAVES ¡Ay, señor, estamos sumidas en tal angustia!

CURA ¿Entonces el rumor que oí es cierto?

AMA DE LLAVES *(Rompiendo a llorar).* ¿Ha oído que el amo Quijada está loco?

CURA No. Solo que se ha convertido en un caballero andante.

AMA DE LLAVES Es lo mismo. Bueno, si está loco, son estos malditos libros de caballerías los que lo han vuelto así.

CURA Tranquila, tranquila. Le hallaremos una cura.

SOBRINA Pero, mi buen Dr. Pérez, ¿qué vamos a hacer? Hasta anoche no lo habíamos visto en seis días. Se puso esa armadura oxidada que perteneció a mi bisabuelo y se alejó cabalgando en nuestro viejo espantajo de caballo.

AMA DE LLAVES *(Secándose los ojos)*. ¡Ahora tiene otro nombre!

CURA ¿Para quién? ¿Para el caballo?

AMA DE LLAVES Sí, lo llama Rocinante, y a sí mismo *(rompiendo a llorar)* se hace llamar don Quijote de la Mancha, Caballero Andante, y ha jurado reparar los agravios infligidos al mundo.

CURA ¡Pobre caballero!

AMA DE LLAVES *(Impacientemente)*. Ay, no tengo paciencia con él. Le digo, señor, que vino a casa listo para morir. Sancho guiando a Rocinante y…

CURA ¡Sancho! ¿Quién? ¿Sancho Panza?

SOBRINA Sí, el marido de Teresa Panza, la lavandera. Ahora es el escudero de mi tío.

CURA ¡Sancho Panza escudero!

AMA DE LLAVES ¡Ay, señor, mi amo está loco!

CURA ¿Pero está también loco Sancho?

SOBRINA No, pero su avaricia es mayor que su intelecto. Mi tío ha prometido hacerle gobernador de una ínsula.

AMA DE LLAVES ¡Eso no es lo peor! Doña Juana, dígale al doctor lo de Aldonza Lorenzo, la que trabaja en la granja.

SOBRINA Ella es la dama Dulcinea del Toboso; ahora mi tío también le ha cambiado el nombre. Parece ser que todos los caballeros andantes tienen que adorar a una dama.

CURA ¡Pobre, pobre caballero! ¿Dijo usted que volvió a casa herido?

SOBRINA Dijo que estaba peleando con diez gigantes cuando…

CURA Ah, entonces hay gigantes también que tener en cuenta. *(Piensa un momento)*.

SOBRINA Ay, sí, señor, ¿qué pretende hacer?

CURA Descanse su mente, hija mía. *(Al AMA DE LLAVES)*. Y usted, señora. Derrotaremos a todos estos espíritus malignos, los quemaremos en la hoguera. *(Señala los libros)*.

AMA DE LLAVES Pero… ¿pretende quemar los libros de mi amo?

CURA La cordura del amo Quijada es más importante para mí que mil libros. Mientras sigan aquí no acabará su locura.

AMA DE LLAVES ¡Claro, los libros! ¡Señor, bendito sea por esa idea! *(Empieza a sacar libros de los estantes apresuradamente y los arroja sobre la mesa. La SOBRINA la ayuda)*. ¿Me hará el favor de subirse a la escalera, señor, y alcanzarme esos a los que no llego?

CURA Por supuesto que lo haré.

El CURA sube a la escalera y le alcanza los libros.

AMA DE LLAVES Lo mejor será tirarlos todos por la ventana al patio, y prender fuego a la pila.

La Sobrina coge un brazado de libros y los tira por la ventana.

SOBRINA *(Riéndose)*. Así es como serviría yo a todos los magos.

El Cura la sigue con otro brazado. Cuando los está llevando hacia la ventana, se oye la voz de DON QUIJOTE fuera. El Cura suelta los libros. Todos se apuran a recogerlos y a lanzarlos por la ventana.

DON QUIJOTE *(Fuera, subiendo las escaleras y leyendo en voz alta)*. «Caballero del dragón alado, caballero de la muerte. No, mas Orlando…».

AMA DE LLAVES ¡Lo retendré aquí! Tiren esa última pila por la ventana. Eso es. Ahora, señor, baje, y prenda fuego a esa pila. Vaya por aquí. *(Abriendo la puerta de la izquierda)*.

Sale el Cura apresuradamente por la puerta de la izquierda. Entra DON QUIJOTE por la puerta que está justo en el centro. Tiene un porte digno. Está leyendo un libro y no se percata de que hay gente en la habitación.

DON QUIJOTE
(Leyendo).
«¡Con mi último aliento os reto!
Porque yo, el caballero del Sol,
cuyas poderosas hazañas han conseguido este hermoso reino,
del corazón de la infanta soy dueño».
(Levanta la vista de su libro y se pasa la mano por la frente. Entonces se apoltrona en una silla, dejando el libro sobre la mesa en la que reposa su codo).
¡Ah, mi Dulcinea, Dulcinea del Toboso!

AMA DE LLAVES ¿Señor, dijo algo?

Don Quijote
No, pero exhalé mi pensamiento en un suspiro.
Se tornó tembloroso en sonido
como las brumas en rocío.

Sobrina ¡Seguro que le oí hablar!

Ama de llaves *(A la Sobrina)*. Quitadle ese libro. Evidentemente es el peor de todos.

Sobrina Sí, creo que debe de ser, porque está escrito en verso.

Entra un Sirviente.

Sirviente Sancho Panza desea hablaros, señor.

Don Quijote ¡Ah, fiel escudero! Pedidle que suba, buen Ambrosio. Ha estado en una aventura caballeresca.

Sobrina Lo vi en la granja de Lorenzo esta mañana. Estaban matando cerdos y Aldonza los estaba ayudando.

La Sobrina roba el libro y se lo pasa al Ama de llaves, quien lo lanza por la ventana. Se queda con el Ama de llaves susurrando junto a la ventana.

Don Quijote *(Apoyando en la mano la cabeza)*. Ay, Sancho Panza, vendrás a mí, directamente desde el entorno divino de la belleza.

Entra Sancho Panza, un hombre de baja estatura y entrado en carnes como un barril. Tiene un semblante alegre y tontorrón, pero un ojo avizor. Se lleva los dedos al sombrero y se inclina ante el caballero con torpeza. La Sobrina y el Ama de llaves le dan la espalda y continúan susurrando en la ventana.

Don Quijote ¿Cómo de rápido diste tu recado?

Sancho Con más celeridad que las malas noticias, mi señor. Entregué su carta.

Don Quijote ¿Y qué estaba haciendo la Reina de la Belleza? ¿Estaba ensartando perlas de oriente en una guirnalda? ¿O bordando curiosos objetos con hilo de oro?

Sancho *(Rascándose la cabeza y totalmente perplejo).* No, señor. No vi perla alguna ni tampoco oro, a decir verdad. La encontré aventando un paquete de maíz en el patio trasero.

Don Quijote *(Algo sorprendido y decidido a sacarle el mayor partido).* Cada grano de ese trigo era una perla, puesto que ha tocado su hermosa mano.

Sancho Al contrario, señor; lejos de ser perlas, tan solo era trigo de segunda; y fue eso lo que me hizo dudar de la alcurnia de la dama.

Don Quijote ¡Silencio! No hables de esto. Dime, cuando le entregaste la carta, ¿cómo reaccionó?

Sancho *(No comprendiendo).* ¡Reaccionar! *(En tono de reproche).* Oh, no reaccionó, vuesa merced.

Don Quijote *(Con impaciencia).* Bueno, entonces, ¿cómo se comportó?

Sancho ¿Qué? ¿Cuando le entregué la carta?

Don Quijote Sí, cuando le entregaste la carta. ¿La besó?

DON QUIJOTE. UNA OBRA DE TEATRO ROMÁNTICA

SANCHO ¡Oh, no, no la besó, vuesa merced! En absoluto. «¿No ves que estoy aventando? ¡Estúpido!» dijo ella. «Ponla sobre ese saco hasta que haya acabado». *(Espera un poco para ver si DON QUIJOTE dice algo y entonces procede).* Después de un rato la vi leyéndola.

DON QUIJOTE
  ¡Oh, hermosa discreción!
  ¡Excelencia sin par!
  ¿Y qué joya te dio al marchar?

SANCHO ¿Joya, señor?

DON QUIJOTE Sí, joya. Es costumbre entre caballeros y damas dar un regalo en albricias a los portadores de buenas nuevas.

SANCHO *(Arrastrando torpemente los pies).* Bueno, tal vez ella haya olvidado la joya, señor. Pero la carta casi la mata de risa, así que no me extraña. Pero, ahora que lo pienso, me dio una cebolla y un poco de queso.

DON QUIJOTE *(Quedándose sin aliento).* ¡Una cebolla! No, no puedo creerlo, no puedo. *(Se pasa la mano por la frente).* Esto no es un sueño. Juro que no es un sueño. Di, buen escudero, ¿no tienes una palabra de alabanza para tu dama?

SANCHO *(Pensando).* ¡Veamos! Bueno, diré, maese don Quijote, que la señora Dulcinea tiene la mejor mano para salar cerdos de todo El Toboso, ¿y qué dice ese refrán? Las generaciones fallecen, pero el estómago jamás desfallece.

DON QUIJOTE *(Retrocediendo indignado).* ¡Ah! *(Se vuelve y ve que el libro ha desaparecido).* ¿Dónde está mi libro?

El AMA DE LLAVES y la SOBRINA muestran signos de agitación.

AMA DE LLAVES Háblele, señora.

SOBRINA No, háblele usted. Yo no puedo.

DON QUIJOTE Mujer, ¿dónde está mi libro?

SOBRINA Tío, ¿qué libro?

DON QUIJOTE La historia de un caballero. ¡Estaba aquí, aquí! *(Señala).* ¡Venga, responde!

AMA DE LLAVES ¡No, no sé! No le puedo decir. ¡Bendito Dios, el diablo debe de habérselo llevado!

DON QUIJOTE ¡El diablo! ¡Ah! *(Se gira y ve que las estanterías están vacías).* ¡Ay! ¡Mis libros! ¡Mis libros! ¿Dónde están mis libros?

AMA DE LLAVES Todos desaparecidos, y gracias a Dios por ello.

SOBRINA *(Recuperándose y hablando en un tono de hechos consumados).* No fue el diablo, tío; fue un encantador. Entró por la ventana hace unos pocos minutos y se llevó todos los libros. Iba montado en un… dragón. En verdad, verlo me perturbó tanto que apenas puedo tenerme en pie.

AMA DE LLAVES Y a mí también. Me fallan las piernas. Seguramente, maese Sancho, estás tan aterrado como nosotras.

SANCHO No vi nada. Pero yo solo soy un hombre corriente.

SOBRINA *(Rápidamente).* No, no, todo ocurrió antes de que llegara Sancho Panza.

DON QUIJOTE *(Que ha estado en pie como en un trance).* Mis ojos estaban también obnubilados. Como Sancho, yo no vi

nada. Y aun así, apenas puedo no dar crédito a estas buenas
mujeres que lo atestiguan. Y los libros de magia… decid. ¡Ay,
mis libros! ¡Mis libros!
(Casi se abstrae mirando las estanterías vacías).
Mi puerta dorada al Infinito
¡cerrada, cerrada para siempre!
Mago, llévate mi caballo,
mi espada, mi monedero,
todo lo mío… mas no mis libros,
o, cual bestias que no saben de
lágrimas, viviré embrutecido,
falto del alimento del alma.
¡Ay, malvado duendecillo!
La mente se nutre de la mente,
y en mis libros oculta estaba
la esencia de vidas pasadas.
Los hombres arden tal como
arden los libros que escriben…
Los corazones secretos
de caballeros, filósofos,
doctores y santos.
Mío es el pesar más allá del pesar,
la aflicción más allá de la aflicción.

SOBRINA
Tío, querido tío, aparta los ojos.
Tus estanterías están vacías,
mas, créeme, esos mismos libros
plagados de falsedad, y de fantasías,
para quebrar el cerebro de cualquier sabio son aptos;
ahora que se han ido, retorna a la vieja vida,
a la tranquilidad de días laboriosos.
El caballo y el galgo comen de tu mano,
y ahora yo, tu sobrina,

tu corazón importuno
para que todo vuelva a ser como antaño.

DON QUIJOTE

¡Antes vería el final del mundo!
¡Mujer, para mí, mis libros eran alimento
y apagaban mi sed, eran risas, y aire, y canto!
Amor, odio, vida, muerte.
¡No, inmortalidad! Hablas de algo que ignoras.
Este mago, ¿dices que lo viste?

SOBRINA

No, tío, por mi alma.
Me inventé el cuento por el cariño que os tengo.

DON QUIJOTE

Tranquilízate, tranquilízate.
Este cuento es el que te has inventado
por el cariño que me tienes, mas no es el primero.
La verdad precisa de pocas palabras.

SOBRINA ¡Ay, óigame!

DON QUIJOTE

Tranquilízate. No hay hombre alguno
que a las estrellas pueda engañar.
Mi historia en los cielos escrita está.
¿Dices que vino rodeado humo?

SOBRINA *(Sollozando).* ¡Nunca tal hombre vino!

Humo y llamas entran por la ventana, mientras fuera se oye el crepitar de lo que se está quemando.

DON QUIJOTE
(Señalando a la ventana).
Mi sentido contradice tus palabras. Huelo el fuego,
oigo la llama crepitante. Un poderoso mago,
de nombre Frestón, este hechizo me ha lanzado.

AMA DE LLAVES *(A la* SOBRINA*)*. ¡Su locura crece! Hemos hecho
daño en lugar de bien.

DON QUIJOTE
¡Juro que seré vengado! Si todos los poderes del mal
estuvieran en ese humo, aun así contra ellos habría de luchar.
¡Sancho, mi yelmo! *(Comienza a armarse)*. Ahora, mi escudo,
    mi espada.

SOBRINA
(Cayendo de rodillas y aferrándose a sus pies).
¡Querido tío, quédate! Ay, no te vayas de nuevo
para regresar lleno de cardenales y derrotado, enfermo
    de ensueños.

DON QUIJOTE
Hablas de lo que no sabes. Los hombres deben luchar,
atravesar escudos y petos, y alcanzar, mediante guerra, la paz.

El AMA DE LLAVES *acerca a la* SOBRINA *hacia sí, y esta sale
llorando sobre su hombro.*

¡Sancho, ve y ensilla a Rocinante!

SANCHO Se lo ruego, amo...

DON QUIJOTE ¿Qué?

SANCHO ¡Le ruego que abandone esta aventura!

DON QUIJOTE
  ¿Dónde se va tu reino?

SANCHO se aleja.

  ¡Ay, te tengo pillado!
  ¡Sin guerra, no hay recompensa!

SANCHO sale lentamente.

  ¡Te tengo pillado!
  (DON QUIJOTE *se gira de nuevo hacia los estantes vacíos*).
  Mi mágica tierra del saber solo está oculta
  a fin de que yo halle una tierra mágica en casa;
  mas me obsesiona una duda. ¡Loco! —dicen—. ¡Está loco!
  La fuerza despierta en mi interior. El poder de mi alma
  podría abarcar el mundo entero, engullir mares profundos,
  superar las colinas más altas, y convertir las estrellas
  en mis trofeos adornados de lentejuelas. Aun así dicen: ¡está loco!
  ¡Loco! ¡Loco! ¡Aldonza! ¡Ay, la reina Dulcinea,
  la verdadera reina de la alegría y del amor!
  Mas, ¿qué dijo Sancho? Me siento desfallecer a la hora de pensar,
  que este sólido globo de tierra se sumerge en un sueño,
  y los sueños toman cuerpo. Sin embargo, ¡no estoy loco!
  ¿Por qué no creer en mi sentido común
  antes que en el buen juicio de Sancho? Yo tengo un alma
  y él, un cuerpo, he ahí la diferencia.
  El mundo grita «¡loco!», pues al carajo el mundo.
  Los hombres se han vuelto locos por amor, por lujuria, por oro;
  yo me volveré loco por honor. ¡Sin embargo, y, sin embargo,
  podría haber visto el amanecer de la caballería
  en Grecia, en Roma, en Gran Bretaña, ese día pleno

cuando la caballería irrumpió en un mundo encadenado
y rompió los grilletes! Aun así, quedan algunas ataduras,
los desamparados aún claman por ayuda, y las doncellas
    suspiran.
Mientras esto sea así, los caballeros andantes seguirán
    existiendo.
¿Soy un caballero? Mis ojos, mi cerebro, se oscurecen,
nublados por las sombras acuosas, que alguna luna
arroja desde un cielo lejano.
¡Ayudadme, oh héroes,
Amadís, Roldán, Arturo,[25] socorredme,
venid, viajad desde el pasado! Soy yo quien llama,
don Quijote de la Mancha.

*El escenario se oscurece y se escucha el sonido de una música.
Esta música representa la melodía de la «Caballería» o «Dulcinea», y se asocia siempre a lo largo de la obra con la llegada de
las visiones de la «Locura» de* DON QUIJOTE.

¡Escuchad! Ese sonido
atraviesa los barrotes que encierran esta vida mortal.
¡Proceden de más allá del umbral de la tumba!
Cubiertos por el sudor frío de la muerte,
mas con la pasión de sus gloriosas hazañas.

*Las murallas se desvanecen, y mientras se disipa la oscuridad,
pasan* AMADÍS DE GAULA *y una compañía de* CABALLEROS, *luego*

---

[25] Personajes de libros de caballerías: *Amadís de Gaula* (obra de la literatura medieval española de autoría aún sin determinar, escrita entre los siglos XIII y XIV), *El Cantar de Roldán* (cantar de gesta anónimo del siglo XI, la obra literaria francesa más antigua que se conserva), las aventuras del rey Arturo de Camelot, relatadas por primera vez por Geoffrey of Monmouth en su *Historia Regum Britanniae* (1130-1136), extendida luego por Europa, y recopiladas muchas de las ramificaciones del relato por Thomas Malory en *Le Morte D'Arthur* (1485).

ROLDÁN *y otra compañía. Los* CABALLEROS *llevan estandartes con el nombre de cada ciclo.* DON QUIJOTE *habla:*

La música entona la canción de vidas grandiosas,
de hermosos años perfeccionados, de muertes
    extraordinarias.

Pasan CARLOMAGNO *y los* PALADINES,[26] *luego los* CABALLEROS *de la Mesa Redonda. El nombre de cada caballero inscrito en un estandarte:* LANZAROTE DEL LAGO, TRISTÁN DE LEONÍS, SIR GALAHAD,[27] *y el resto. Por último, pasa el rey* ARTURO. *Mientras pasa este,* DON QUIJOTE *habla.*

El más grande, el más sabio, el más triste de todos,
cuyo nombre se hizo inmortal con la muerte del amor.

Después de los CABALLEROS *de la Caballería Andante, pasa el carro de* VENUS.[28] *Es un carruaje bajo sobre el que descansan palomas. Es arrastrado por hermosos* NIÑOS *que tiran de él con cintas.* VENUS, *con un vestido blanco y recto, está de pie y, cubriendo los ojos con la mano para protegerlos del sol, mira a los que la siguen. Es muy joven, alta y erguida, con largos cabellos sueltos adornados por una corona de flores, como un cuadro de Botticelli.*[29] DON QUIJOTE *vuelve a hablar:*

---

[26] Los Paladines, también conocidos como los Doce Pares de Francia, eran doce legendarios guerreros al servicio de Carlomagno, en el siglo VIII. Aparecen por vez primera en el ciclo carolingio (ciclo de cantares de gesta de la materia de Francia), desempeñando una función similar a la de los Caballeros de la Mesa Redonda en el ciclo artúrico.

[27] Tres de los Caballeros de la Mesa Redonda de las leyendas artúricas.

[28] Diosa del amor, la belleza y la fertilidad en la mitología romana.

[29] Sandro Botticelli fue un pintor del *quattrocento* italiano, que vivió entre los siglos XV y XVI, famoso por ser el autor de, entre otras obras, *El nacimiento de Venus* (c. 1482-1485).

¡Ah, rostro fascinante! Madre de todos los deseos,
meta de la bella esperanza, y árbitro de la sabiduría.

A Venus *le siguen las bellas mujeres de la Caballería Andante:* Oriana *y sus* Damiselas,[30] Isolda,[31] Elaine *y otras.*[32] *Hay estandartes con el nombre de cada una. Él habla:*

Ahora pasan las mujeres de la eternidad,
cuya mano hechizada forjó la esperanza, el amor y el miedo;
un aire tenue se mueve alrededor de ellas: una magia
    enturbiada
emana de sus miembros, y se aferra a sus pies.
Bellezas que resplandecen con luz tenue y sobreviven al paso
    de los años.

Pasan, y después de un súbito estallido, la música cesa de repente. Él habla:

¡El silencio está preñado! ¿Quién seguirá ahora?
Mi alma hierve en mí hasta tornarse en una angustia lupulada
de expectación. ¡Ah!
¡La Reina de las Reinas!

En silencio, rodeada de sus Doncellas, *entra una hermosa mujer ataviada con un vestido de la época. El estandarte que hay por*

---

[30] Oriana era hija de Lisuarte, rey de Gran Bretaña, y la dama a la que rendía su servidumbre de amor Amadís de Gaula.

[31] Isolda era una princesa irlandesa casada con el rey Marco de Cornualles, pero enamorada del sobrino de este, Tristán, uno de los Caballeros de la Mesa Redonda.

[32] Elaine de Astolat, dama enamorada de Lanzarote del Lago, que, en la obra de Thomas Malory (1485), muere de tristeza al ver que su amor no es correspondido. Alfred Lord Tennyson le da un destino aún más triste en su poema *The Lady of Shalott* (1833). Mabel Deamer seguramente conocía ambas versiones.

encima de ella lleva la inscripción «DULCINEA DEL TOBOSO». Se queda inmóvil en el centro y las DONCELLAS se agrupan. DON QUIJOTE se arrodilla ante ella y ella le ciñe una corona de laurel en la cabeza. Hay un repentino estallido de música y el escenario se oscurece por completo.

Cuando se ilumina, todo está como antes, solo que entra un cálido rayo de sol a través de la ventana. La biblioteca, con las estanterías vacías, tiene un aspecto llamativo y banal. DON QUIJOTE está solo de pie, en el centro del escenario, completamente armado. La música sigue sonando discretamente. Habla:

¡Adelante, sombras de los muertos gloriosos!
Aunque el canto ha cesado, y desaparecido la gloria,
¡Dulcinea vive! Ella llama desde su hogar de tenue luz,
y a través del glamur del mundo vengo,
creado por su sonrisa, señor de todo poder,
don Quijote de la Mancha, coronado caballero.

CAE EL TELÓN.

LA PRIMERA AVENTURA
La aventura con los dos ejércitos

Una llanura boscosa con terreno elevado al fondo: un espacio abierto al frente. Un arroyo y piedras que lo cruzan. Suena música y los pájaros cantan. Al cabo de unos instantes, DOROTEA —una hermosa joven vestida como un muchacho— cruza por las piedras: lleva un fardo y canta mientras avanza.

DOROTEA
  (Cantando).
  Cuando el mundo se torne gris
  entonces cantaré
  cuando los pájaros levanten el vuelo
  mi canción será
  para mí,
  una buena compañía.

  Cuando deja de cantar, un pájaro canta como si respondiera, y ella mira hacia arriba.

  ¡Qué lindo! ¡Qué lindo! Ay, rompe tu corazón de pájaro con
      tu canción.
  Porque los corazones humanos tan solo se rompen con
      lágrimas estremecedoras.
  (Cantando).
  Cuando el mundo se torne oro
  entonces lloraré:
  tan solo los dichosos conservan
  el don de las lágrimas,
  los miedos,
  el rocío de los años.
  (Se quita la gorra y su cabello cae sobre los hombros. Recoge la

gorra y la mira, luego baja la mirada hacia su ropa). Qué extrañas son estas prendas ajenas. ¡Ay, qué extraño ser un hombre, un hombre, y estar solo en el gran mundo!

Se oye un ruido de cascos. DOROTEA *se pone en pie y escucha. Luego recoge su fardo y se agazapa detrás de un arbusto mientras* DON QUIJOTE *entra montado en Rocinante, seguido por* SANCHO *en el rucio.*

DON QUIJOTE Pero, recuerda esto, hermano Sancho, por mucho que me acose el encantador, ese vil Frestón, tú, como mi escudero, no debes sacar la espada para ayudarme. Eso sería contrario a las leyes de la caballería.

SANCHO ¡No tema, señor! ¡No tema! No sacaré espada alguna.

Desmontan, y atan a Rocinante y al rucio.

DON QUIJOTE Y ahora a desayunar.

SANCHO *(Consternado).* ¡Desayuno! ¡Su merced nunca me dijo que le diera el desayuno!

DON QUIJOTE ¿Qué tienes en el zurrón?

SANCHO Una manzana y unas cortezas de pan. Pero esto no es alimento adecuado para un caballero andante.

DON QUIJOTE *(Sonriendo amablemente).* ¡Qué poco entiendes, amigo Sancho! Las piedras de la tierra hacen el lecho del caballero andante y sus hierbas, su banquete.

SANCHO Perdóneme, señor, no lo he entendido. Solo soy un hombre corriente. Aun así, no lo olvidaré. De ahora en adelante llenaré mi zurrón de hierbas para vuesa merced, que es un caballero; pero para mí debo contentarme con carne de vaca, de ave y un jamón o dos. *(Mientras habla, ha ido preparando una tosca comida, repartiendo el pan y colocando la manzana ante* DON QUIJOTE*).*

De repente, DON QUIJOTE *se detiene y levanta la mano.*

DON QUIJOTE
¡Escucha! Oigo pasos.

SANCHO
¡Santos benditos! ¿No será el encantador, no será maese Frestón?

DON QUIJOTE
(Levantándose).
No lo sé. Aun así,
aunque sea habitante de la tierra, del aire, del agua, del fuego,
no pasa, hasta que declare a
Dulcinea del Toboso Reina de la Belleza.

SANCHO ¡Bendícenos y sálvanos!

Entra CARDENIO, *un joven apuesto, pero de aspecto salvaje y sucio. Está leyendo abstraído mientras entra, y no ve a* DON QUIJOTE.

DON QUIJOTE
Deteneos, señor viajero,
os conjuro por mis votos de caballero
a que proclaméis que en este universo no hay dama más bella
que ese esplendor supremo, ella
Dulcinea del Toboso.

CARDENIO
Señor caballero,
no conozco a la dama de la que habláis.
Tened la bondad de mostrar su belleza a mis ojos
y yo proclamaré la verdad.

DON QUIJOTE
Eso sería demasiado simple.
No, debéis jurar solo por mi palabra.

CARDENIO
(Sonriendo). ¡Y si os digo que no!

DON QUIJOTE
Entonces, entablad combate.
(Se prepara para tomar las armas).

SANCHO *(Cruzando en dirección a* CARDENIO*).* Oh, señor, le
ruego que jure que el negro es blanco si lo desea. Mi amo está
loco, señor, loco de remate por la caballería y —que el cielo nos
ayude— por esa joven.

CARDENIO
Ah, ahora empiezo a comprender.

DOROTEA sale sigilosamente de su escondite y observa lo que sucede.

DON QUIJOTE
(Viendo a SANCHO *hablar con* CARDENIO*).*
Señor, apartaos y aguardad.
Sabed, forastero, que yo, don Quijote de la Mancha,
sigo la vocación de un caballero de armas,
obligado a hacer valer la alta supremacía
de la bella Dulcinea, señora del Toboso.

CARDENIO
(Con exagerado énfasis).
Y yo, Cardenio, un desafortunado zagal
que no estoy en deuda con la gracia de ninguna dama,
os doy respuesta, caballero. Yo ahora
muy solemnemente creo, confieso, afirmo,
que vuestra bella excelencia, la dama Dulcinea
supera en belleza a toda doncella viva.
(Aparte).
Nunca la vi, aun así, un juramento más verdadero
jamás salió de los labios de hombre alguno. Siempre el ideal
supera a lo real.

DON QUIJOTE
No pido más.

DON QUIJOTE se lleva la mano a la cabeza con un gesto cortés.
De pronto divisa a DOROTEA, que se aleja por detrás.

DON QUIJOTE
¿A quién tenemos aquí?

DOROTEA
Ay, señor, ¡os ruego que me dejéis pasar!

DON QUIJOTE
¿Apoyaréis la proclama de este viajero?

DOROTEA
De todo corazón.
(Se prepara para pasar).

DON QUIJOTE
(Deteniéndola).

No, no tan deprisa, buen joven.
Cada uno debéis pagar vuestro rescate.

Procede a quitarse la armadura y se pone una larga capa. Dorotea
se acerca a Sancho, *que está ocupado con Rocinante.*

Dorotea *(A* Sancho*).* ¿Es tu señor un caballero andante?

Sancho Sí, uno de los más valientes.

Dorotea ¿Qué es un caballero andante?

Sancho Un mendigo hoy, y un emperador mañana, al menos
eso dice él.

Cardenio *no se ha movido. Está de pie con su papel en la mano
mirando a* don Quijote, *a* Dorotea *y a* Sancho *con cierto
desconcierto. Durante lo que sigue,* Sancho *se hace una cama
cómoda en los helechos y se va a dormir.* Don Quijote *se dirige
ahora a* Cardenio.

Don Quijote Cardenio, pasad; buscad a nuestra Dulcinea. Pos-
traos ante ella y confesadle el don que os otorgué.[33]

Cardenio
Señor caballero, ¿qué don?

Don Quijote
El don de la vida misma.
Podría haberos matado.

---

[33] La traducción literal del inglés sería «reconoced a sus pies mi don», pero
la traductora ha optado por verbalizarlo con un estilo más propio de don
Quijote.

CARDENIO se inclina con un gesto divertido haciendo ver que lo entiende.

¿Es cosa tan nimia
vivir, existir, beber el aire vital,
reír, llorar, sufrir, alegrarse?

CARDENIO
(Encogiéndose de hombros).
Señor, soy joven y la vida me pesa,
de buen grado soltaría esa carga.

DOROTEA
¡Y yo de qué buen grado!

DON QUIJOTE
¡Vos también! Vuestra alma está enferma, herida de muerte
por la enfermedad de la juventud. Creed, muchacho, que
a afligiros es a lo que os dedicáis los jóvenes.

CARDENIO
(Mirando a DOROTEA).
¿Muchacho, decís?

DOROTEA
*(Mira furiosa a su alrededor y ve que ha sido descubierta;
entonces cae de rodillas, ocultando su rostro).*
Ay, señor, habla una mujer,
una doncella cuya madre le puso por nombre Dorotea,
una doncella que en tiempos rio, una esposa que lloró.

DON QUIJOTE la ayuda a ponerse en pie y se sitúa a su lado.

CARDENIO
(Con desprecio).
¿Acaso pueden las mujeres llorar?

DOROTEA
Las que están casadas deben hacerlo.

DON QUIJOTE
Mi espada está a vuestro servicio.

DOROTEA
Gracias, señor,
pero las espadas rompen los corazones,
por desgracia, no los curan.

DON QUIJOTE
¿Dónde está vuestro marido? ¿Muerto?

DOROTEA
Sí, muerto para mí
pero vivo para otra.

DON QUIJOTE
Entonces, no perdáis la esperanza,
al veros a vos resucitarían los muertos.

DOROTEA
Ay, señor, nuestro matrimonio fue un milagro,
nuestra alegría, algo demasiado grande para el destino humano.
Fue como una esfera radiante, donde los fuegos
adquirían miles de matices, y saltaba, y ardía
—luego, como una burbuja, estalló—,
se deshizo en el aire
y se hundió en la nada. Fue una mujer

la que hizo añicos este hermoso prisma del primer amor
que creció para unirnos en matrimonio. Ella no sabía nada de mí,
pero atrajo a mi esposo con un hechizo inocente:
entonces él, avergonzado, me colmó de espléndidos regalos,
rubíes, que contenían el fuego que su corazón me negaba,
y perlas, brillantes como la solitaria luna,
¡extrañas piedras foráneas! Las sostuve empapadas en lágrimas.
Su oro era cenizas, y su belleza, muerte.
Al final me dejó, cortejaba y conseguía a esta doncella,
mientras olvidaba a su esposa.

CARDENIO
  (Sorprendido).
  ¡Un hechizo inocente!
  La disculpáis. ¿No la odiáis?

DOROTEA
  ¡Ay, pobrecita! No fue más que el destino,
  igual que en mi caso.

DON QUIJOTE
  ¡Vuestro agravio será vengado!

DOROTEA
  ¡No, no, eso no! Solo quiero arrastrarme lejos
  a algún lejano rincón de una tierra solitaria
  y perder mi femineidad en un atuendo de hombre.

CARDENIO
  Es extraño cómo el celoso frenesí afecta a las mujeres,
  dejándolas graves y gentiles; mientras que para los hombres
  es una espuela, un fuego, un látigo que se encrespa.

DOROTEA

(Tímidamente).

¿Vos, señor, habéis amado, como yo?

CARDENIO

Y, como vos, perdido;

pero, a diferencia de vos, arde mi rabia hasta el cielo.

El día de mi boda estaba fijado, mi novia era hermosa,

y me amaba, o eso dijo. Entonces llegó

un caballero que la cortejó con rango y oro.

DOROTEA

(Pensando).

¿Un hombre de alta alcurnia?

CARDENIO

El hijo del duque

de Andalucía.

DOROTEA

¡Ay!

CARDENIO

La madre de Luscinda

fue conquistada primero, y luego cayó su padre

manso en sus manos: hermanos y hermanas todos

se unieron a su causa. Ella me falló. Cuando el camino

del amor se volvió arduo, se rindió al deber de la obediencia

por ser el camino *más fácil.*[34]

---

[34] Se ha traducido *duty* por «el deber de la obediencia», en lugar de solo por «el deber», para que el lector entienda que ese deber al que se refiere Cardenio era el que obligaba a Luscinda, como hija, a cumplir la voluntad de su padre.

DOROTEA

¿Se casó con él?

CARDENIO

No lo sé. Hui enloquecido ¡loco por Luscinda!

DOROTEA

Luscinda era el nombre de la que me robó el marido:
¡y él es el hijo del duque de Andalucía!

CARDENIO

(Adelantándose al frente de un salto).
¡Muerte y…!

DON QUIJOTE

¡Tranquilo! Ciegos y en la ignorancia,
los hombres hablan del azar. No existe tal cosa.
Cada día trabaja para resolver alguna crisis: cada acontecimiento
tiene consecuencias. Decidme ahora, hija mía,
¿cuál era el nombre de vuestro esposo?

DOROTEA

Señor, don Fernando.

CARDENIO

¡Ajá! ¡Don Fernando! Ahora sé que el destino
nos reunió para que nos venguemos.

DOROTEA

¿Vengarnos de quién?

CARDENIO

¡Del cobarde, traidor, ladrón, amigo infiel,
traidor de inocentes!

DOROTEA

  ¡Mi esposo!

CARDENIO

  Ay, señora, usted —una dama honorable—

  ¡debería desear su muerte!

DOROTEA

  No es así. Es mi esposo.

  Y si hubiera pecado más allá de la esperanza, sí, si se hubiera
     deslizado

  más allá de los portales del más negro infierno,

  sigue siendo mi esposo, y yo, su esposa.

CARDENIO

  Solo según la ley.

DOROTEA

  No, según la ley del amor.

  El sello fue lacrado irrevocablemente cuando

  se inclinó para besar mi desacostumbrada boca

  en el primer amanecer de la juventud. Me encogí de miedo

  entre las frías gotas de rocío. Entonces todo el aire

  se incendió con un fuego abrasador, y ¡he allí el sol!

  Un esplendor inimaginable. Yo brillaba como una esposa

  que amaba —y amaría para siempre—.

DON QUIJOTE

  Marchaos;

  es inútil disfrazar el corazón de una mujer.

  Cuando estéis ataviada como corresponde a vuestra condición,

  idearemos algún proyecto, haremos algún plan,

  y encontraremos a vuestro esposo.

DOROTEA
¡Ay, lo prometéis!

DON QUIJOTE
Por mi fe y honor de caballero.

DOROTEA *se arrodilla de repente y le besa la mano, luego desaparece con su fardo detrás de los árboles.*

DON QUIJOTE
(Mirando hacia ella).
Pobre y timorato valor. ¡Si ahora Fernando pudiera contemplar esa apenada belleza bañada en lágrimas!

CARDENIO
No hay más remedio que la muerte para alguien como él; ¡seré vengado!

DON QUIJOTE
¿Creéis que Luscinda se ha casado?
¿No estáis seguro?

CARDENIO
Creo… estoy casi seguro.

DON QUIJOTE
Para asegurarse, tal vez sea mejor ¡matar!

CARDENIO
¿Dónde está vuestro temple, señor?

DON QUIJOTE
¡Cardenio!
La fe se compra a menudo con la fe y el amor con el amor.

CARDENIO
  (Aparte).
  ¡Loco convertido en predicador!
  Señor, vuestras palabras son sabias.
  Vuestros actos son una locura. ¿Por qué desde hace media hora
  me habéis estado molestando con una suerte de antigua
      mascarada?
  ¿Y me impedís el paso con bromas y cuentos de hadas?

DON QUIJOTE
  (Mirando fijamente al frente).
  ¿Os he molestado?

  *Suena suavemente una música con la melodía de «Dulcinea» y,
  mientras escucha,* DON QUIJOTE *se transforma en un hombre
  que sufre una ensoñación. Sus brazos caen a los costados y
  parece ensimismado.*[35]

  ¡Ay, aquí no hay aventura alguna!
  ¡Ningún dragón que matar, ningún mago que frustrar!
  Simplemente la vida cotidiana de la noche y la mañana,
  un galán inconstante, y una muchacha llorando.
  ¿Oís música?

CARDENIO
  Nada más que el arroyo
  que repiquetea en los guijarros.

DON QUIJOTE
  ¡Ay! *(Se pasa la mano por la frente, angustiado).* Voy tras una
      búsqueda.

---

[35] Se ha traducido *out of vacancy* por «ensimismado», porque es el efecto
  que produce en don Quijote la melodía de «Dulcinea».

Una aventura caballeresca contra un extraño mago.
Me agravió mucho, ¡pobre de mí!, mi mente se ha desviado
de los valientes pensamientos de la caballería y el honor
a los asuntos mundanos, a la mera mortalidad.
(Habla como si le doliera).
Disculpadme, señor.

CARDENIO
Id aparte y descansad.

DON QUIJOTE
¡Sí, sí, a descansar! ¡A pensar, a pensar un rato!

*Se retira al fondo y camina arriba y abajo con los brazos cruzados
y la cabeza hundida en el pecho. La música va dejando de sonar.*
DOROTEA *regresa vestida de mujer.*

CARDENIO
¡Vaya, vaya! Señora, apenas os reconocí, habéis cambiado
de un guapo muchacho a… esto.

DOROTEA
¿Dónde está don Quijote?

CARDENIO
Ay, pobre caballero. ¿Adivinasteis su mal?

DOROTEA
Sus palabras acaban de trascender el sentido común,
aludió al amor, y al sacrificio y a las lágrimas.

CARDENIO
Eso es agua pasada: está loco por luchar, su locura aún lo retiene.

Dorotea
Es un caballero andante, y un auténtico caballero.

Vuelve ahora DON QUIJOTE. *Todavía se mueve como sonámbulo. La música vuelve a sonar. La melodía de «Dulcinea» suena ahora de forma intermitente hasta el final del acto, cuando sube el volumen entre el tumulto.*

Don Quijote
¡Mi corazón es consciente de que alguna valerosa misión me espera aquí!

Dorotea
(Implorando).
¿No me dejaréis, señor?

Don Quijote
Os seguiré cuando haya tenido mi encuentro.
Cardenio, acompañad a la hermosa Dorotea:
seguid el arroyo, que os llevará a una posada.

Dorotea
(Dudando y mirando a CARDENIO).
¿Debo obedecer en esto?

Don Quijote
(Con cortesía pero con firmeza).
Así ha de ser, señora.

Dorotea
Adiós, mi caballero andante.

Sale por la izquierda con CARDENIO. *Después de que ella se ha ido, el comportamiento de* DON QUIJOTE *cambia. Ahora está en alerta e inquieto, encendido.*

DON QUIJOTE
¡Eh! ¡Sancho! ¡Sancho!

SANCHO, que ha estado dormido, se incorpora y se frota los ojos, bostezando.

SANCHO ¡Qué, de nuevo en marcha! No hay mucha paz en la errancia de los caballeros. Son las cargas ajenas las que rompen el lomo del asno.

DON QUIJOTE
Sancho, habla menos, y ensilla a Rocinante,
sé que alguna hazaña me espera. Un extraño presagio
se agita en el aire. Está lleno de alas que revolotean,
y voces medio articuladas. Una victoria...

SANCHO ¡Una victoria! Bueno, señor, en mi opinión estaríamos mucho mejor empleados si nos fuéramos a casa y nos ocupáramos de nuestros propios asuntos. Hoy es una cosa, pero mañana es otra, y muchos hombres que se acostaron bien se han encontrado muertos por la mañana al despertar. ¡Considere, señor, que es tiempo de cosechar, y aquí estamos, vagando por el país como un par de locos!

DON QUIJOTE
¡Qué poco sabes de la caballería!

SANCHO He empezado a dudar de ese reino mío. Un reino de sueños y sombras es quizá todo lo que conseguiré.

DON QUIJOTE ¡Sueños! ¡Sueños! Todavía se burlan de mí. No. Yo creeré en las palabras que la visión pronunció. ¡La aventura está aquí!

Suena un cuerno.

Don Quijote de la Mancha. ¡Oíd la llamada!
¡Me pide que salga a demostrar que no estoy loco!
(A SANCHO). ¿Ves ese polvo que se levanta nube sobre nube?

SANCHO
Ya veo, señor.

DON QUIJOTE
Ese mismo polvo proclama una hueste,
una hueste poderosa que exhala llamas y muerte.

SANCHO ¡Que el cielo nos ayude! Pero, mire, amo, a la izquierda
se extiende otra nube.

DON QUIJOTE
Mi plegaria fue escuchada.
El ejército de la izquierda está dirigido por
el emperador Carrascas.[36] Contra él viene
Pentapolín,[37] apodado del Arremangado Brazo;
el suyo es el ejército más fuerte, pero el primero
defiende la mejor causa. Venid, observad conmigo.
(Va delante hacia el terreno elevado en la parte de atrás).
¿Ves a ese caballero, con una armadura verde como
        el amanecer
que lleva en su escudo un león coronado?

---

[36] Este nombre es introducido por Mabel Dearmer, ya que en el *Quijote* ese emperador se llama Alifanfarón, «un furibundo pagano» que es «señor de la grande isla Trapobana» (edición de Francisco Rico, 2007, capítulo XVIII, p. 157).

[37] De acuerdo con don Quijote en la novela cervantina, el ejército que venía de frente (aquí por «la izquierda») era el del emperador Alifanfarón y el que venía por la espalda (aquí «contra» el anterior) era del valeroso emperador Pentapolín Garamanta. El primero estaba enamorado de la hija del segundo, y eso había dado lugar al conflicto entre ambos (capítulo XVIII, p. 157).

Se trata de Launcarello.[38] A esta izquierda
enorme y pesado, vestido con pieles de serpiente,
camina el gigante Barcas.[39] Y detrás
marchan escuadrón tras escuadrón de todos los climas.
Los númidas, falsos en sus promesas, y los medos
que luchan contra los partos volando —escitas,
tan crueles como hermosos—; y etíopes de labios anchos.
¿No los ves, Sancho?

SANCHO No, mi señor.

DON QUIJOTE
  ¿Ni oyes las trompetas ni la marcha de los tambores?

SANCHO No, amo. Nada, salvo el balido de las ovejas.

DON QUIJOTE
  ¡Ovejas!

  Se oye un débil balido.

  Cobarde, ¿estás ciego y sordo de miedo?

SANCHO
  Ahora las veo. ¡Ay, señor, no son más que ovejas!

---

[38] En el *Quijote* «Laurcalco, señor de la Puente de Plata» (capítulo XVIII, p. 158).

[39] Se refiere aquí a «el nunca medroso Brandabarbarán de Boliche, señor de las tres Arabias, que viene armado de aquel cuero de serpiente y tiene por escudo una puerta, que según es fama es una de las del templo que derribó Sansón cuando con su muerte se vengó de sus enemigos» (capítulo XVIII, p. 158).

Don Quijote

Tus ojos están privados de visión. Pentapolín, voy.
(Monta a Rocinante, cabalga furiosamente hacia la izquierda y desaparece).

Sancho

¡Quieto, señor! ¡Oh, santos benditos! ¡Retírense! ¡Retírense!

Don Quijote

Eh. Caballeros que lucháis bajo la orden del Arremangado Brazo,
¡viene vuestro líder! ¡Quien quiera que me siga!

Hay un gran alboroto. La música suena cada vez más alta, una pequeña multitud se ha reunido. Los Pastores y los Mozos de la aldea suben a don Quijote, que ha sido arrancado de Rocinante y atado, hasta la espalda. Otros le siguen, llevando a Rocinante. La voz de don Quijote se escucha por encima del estruendo.

Don Quijote

¡Venceré aún!

CAE EL TELÓN.

LA SEGUNDA AVENTURA

– ESCENA I –

La aventura con los gigantes

Un camino delante de una posada. La posada en el centro de la derecha. El camino pasa por delante de ella. A la izquierda serpentea por la colina del fondo, de modo que se ve a la gente cabalgando antes de entrar. Hay un árbol en flor en el centro, bajo el cual DON QUIJOTE *está sentado, o más bien medio tumbado, en un asiento. Tiene la cabeza vendada. Su espada y su armadura están sobre una mesa cerca de él.* DOROTEA *está sentada cerca de él, observándolo con preocupación. La mujer del posadero está sentada a la derecha desgranando guisantes.*

DOROTEA
  ¿Le duele la herida, señor?

DON QUIJOTE
  Se cura a buen ritmo.
  ¿Dónde está Cardenio?

DOROTEA
  Todavía buscándole.

DON QUIJOTE
  Me habría encontrado si Sancho no hubiera atado
  mis miembros al asno y me hubiera traído aquí.

DOROTEA
  ¡Ay!

DON QUIJOTE
No os lamentéis por mí. Estos contratiempos
no son más que el fervor de mi juramento de caballero.

Mientras habla, un grupo de personas recorre el camino a ca-
ballo. Un HOMBRE *va delante parcialmente armado, seguido de*
LUSCINDA *también a caballo, de negro con mantilla; lleva una*
máscara de terciopelo negro. La ABADESA *le sigue de blanco, un*
segundo HOMBRE *como el primero los sigue en la retaguardia.*

POSADERA *(Al verlos).* ¡Esposo, corre! ¡Viene una buena compaña
de invitados!

El VENTERO *sale corriendo, y los* CRIADOS, *al entrar la comitiva;*
también SANCHO PANZA, *que se acerca a* DON QUIJOTE *y espera*
detrás de su asiento. DON QUIJOTE *y* DOROTEA *se sientan al*
fondo mirando tranquilamente.

ABADESA ¿Es esto una posada?

POSADERO Sí, señora, si es tan amable. *(Se inclina).*

La ABADESA *se baja del caballo.*

Nuestras habitaciones están aireadas y hechas para el entrete-
nimiento. *(Se inclina).* El mar, la tierra, el aire están a vuestro
servicio. *(Se inclina tras cada palabra que pronuncia).*[40]

LUSCINDA desmonta, y los mozos se llevan los caballos.[41]

---

[40] Aunque el texto inglés dice, literalmente «se inclina tras cada palabra»,
la traductora ha optado por «se inclina tras cada palabra que pronuncia»,
porque contribuye a remarcar, en español, el énfasis que Mabel Dearmer
trataba de hacer en inglés.

[41] La traductora ha añadido «los mozos», para evitar la ambigüedad del

DOROTEA *(A DON QUIJOTE)*. ¡Buena falta! ¡Cenamos leche de cabra
y pan seco!

ABADESA *(A la POSADERA)*. No necesitamos más que poca cosa; digamos, un pollo condimentado.

POSADERO Un pollo... Mm.

POSADERA Ay, los milanos nos han limpiado todos los pollos del corral.

POSADERO ¡Un pollito! Ayer vendí cincuenta.

ABADESA Entonces dadnos lo que tengáis. Tomaremos unos huevos.

POSADERA ¡Unos huevos! ¡Por todos los santos! Se lo acabo de decir, señora, ¡no tenemos ni gallinas ni polluelos! Usted se burla al pedirnos huevos.

SANCHO pasa tranquilamente a la casa, mientras están todos fuera.

ABADESA Buena gente, comida es lo que pedimos, y debemos tomar algo o nos desmayamos.

SANCHO *(Sale corriendo de la posada ruidosamente)*. ¡Buenas noticias! ¡Buenas noticias! ¡Buenas noticias! Acabo de ver un delicado par de vaquillas aderezadas con cebollas ante su fogón privada. ¡Ya están listas para ser apartadas del fuego! Están pidiendo a gritos que se las coman. ¡Y por mi alma que

---

texto original, que solo dice «y se llevan los caballos», lo que no aclara si son los mozos o Luscinda y la Abadesa quienes se los llevan.

preferirían ser comidas por dos damas de rango que por un andrajoso posadero!

POSADERO ¡Oh, mentiroso sinvergüenza![42]

Entra un CHICO.

DON QUIJOTE
(Levantándose tambaleándose y empuñando su espada).
Ve, pícaro, trae ese plato
¡y deja que estas damas cenen!

POSADERO *(Arrodillándose).* ¡Envainad vuestra espada!

DON QUIJOTE
¡Entonces, prepara tus vaquillas!

Con la cabeza agachada el POSADERO entra tembloroso en la casa seguido por la POSADERA. Los demás criados se han dispersado.

ABADESA *(Perpleja).* ¿Qué es un talón de vaca?

SANCHO Vuesa merced lo llamaría una pierna de ternera.

ABADESA *(Hace un gesto de que entiende y se dirige a DON QUI-JOTE).* Estamos en deuda con usted, señor.

DON QUIJOTE
No, no.
De tan buena gana hubiera matado un dragón,
madre reverendísima.

---

[42] Se ha optado por «sinvergüenza» para traducir *shameful*, porque en español es un insulto más común que «vergonzoso mentiroso».

La ABADESA *hace una profunda reverencia.*

POSADERA *(Volviendo).* Señora, ¿le gustaría visitar su aposento?

DON QUIJOTE
  Servid esa comida.

La POSADERA *hace una reverencia. La* ABADESA *se ha vuelto hacia* LUSCINDA, *que se ha dejado caer en una silla, aparentemente muy agotada.*

ABADESA
  ¿Estáis muy cansada, niña?

LUSCINDA
  Descansaré aquí.

ABADESA
  No, venid conmigo.

LUSCINDA
  No, no, descansaré; ¡descansaré!

La ABADESA *se dirige a la puerta y luego se vuelve.*

ABADESA
  Les diré que os llamen más tarde.
  (Entra).

LUSCINDA
  (Intenta aflojar los pliegues de su mantilla).
  ¡Ayuda! ¡Me desmayo!
  ¡Aire! ¡Aire!
  (Se levanta y se balancea).

DOROTEA
(*Corriendo hacia ella*).
Os lo ruego, apoyaos en mí.

LUSCINDA
No puedo respirar.

DOROTEA
Dejad que pida ayuda.

LUSCINDA
No, no, pronto se me pasará.

DON QUIJOTE busca un poco de agua, que le da a DOROTEA, quien se la da a LUSCINDA, y ella bebe.

LUSCINDA
Qué amable sois vos conmigo.

DOROTEA
Ya estáis mejor.

LUSCINDA
¿Os alojáis aquí?

DOROTEA
Estoy de peregrinación.

LUSCINDA
¿Adónde?

DOROTEA
Al mundo.

LUSCINDA
¡El mundo! ¡Qué extraño santuario!

DOROTEA
¿Adónde vais?

LUSCINDA
Lejos de ese mismo mundo
un convento me espera. Por mí,[43] tomaría el velo.

DOROTEA
¡Pero vos, tan joven, tan bella! No me lo creeré.

LUSCINDA
Fue esta belleza traicionera la que me hizo daño.

DOROTEA
Contadme la historia.

LUSCINDA
Con qué ternura habláis.
Debéis de haber sufrido mucho para ser tan amable.
(Agarra la mano de DOROTEA, *mirándola a la cara).*
Lleváis una alianza.

DOROTEA
(En voz baja).
Soy una esposa.

LUSCINDA
Y yo una doncella dos veces casada.

---

[43] Se ha añadido «por mí» para enfatizar que esa es la opción que le queda
a Luscinda, después de haberse visto abandonada por su amado, ya que
Cardenio huyó, en lugar de quedarse a luchar por ella.

Dorotea
Oscuro refrán.

Luscinda
Hace poco tiempo estuve prometida...
Pero no, me callaré. Airear los agravios
les resta importancia.

Dorotea
Es mejor decirlo en voz alta. Un corazón que llora
no es sino un mal compañero. Mirad mis ojos,
¿no son leales?

Luscinda
No son sino la verdad misma,
intérpretes honestos de un amor leal.

Dorotea
No habléis de mí. ¿Dónde está vuestro prometido ahora?

Luscinda
Sin mediar palabra me abandonó.

Dorotea
¿Por qué?

Luscinda
Mis padres
habían planeado otro matrimonio. Entonces fingí
obediencia, tan solo para dar con algún plan
que me uniera a mi enamorado. Pero el cuento le llegó a él
y enloquecido por un ataque de ira huyó.

Dorotea
Eso se puede remediar.

LUSCINDA
Aun así, escuchad el resto.
Encendida de orgullo furioso, puse fecha
para ese triste día del enlace.

DOROTEA
Pero ¿qué pasó al final?

LUSCINDA
¡Nunca pasó! Esa noche me fui de casa
para buscar refugio con esta reverenda madre.
Viajamos ahora para llegar a nuestro santuario.

DOROTEA está en silencio.

¿Por qué no habláis?

DOROTEA
Ay, no tengo palabras.
Habéis traicionado vuestro amor.

LUSCINDA
(Con ánimo).
No está bien
entregar un corazón que no ha sido solicitado. Cardenio
(se deshace en lágrimas).

DOROTEA
(Sorprendida, llevándose la mano al corazón).
¡Cardenio!
Dijisteis ¡Cardenio!

LUSCINDA sigue llorando desconsoladamente, DON QUIJOTE se levanta y va hacia la posada. DOROTEA, que se ha recuperado de la conmoción, se dirige a él rogándole.

Dorotea
Hablad con ella.

Don Quijote
Señora, ¿deseáis mi consejo?

Luscinda hace un gesto de asentimiento, pero sigue llorando.

Entonces, aceptad la sabiduría de un enamorado.

Luscinda
Ay, ¿lo oísteis?

Don Quijote
Poco fue lo que oí. Mas veo vuestras *lágrimas*.

Luscinda
¿Qué queréis decirme?

Don Quijote
(Amablemente, poniendo una mano sobre su hombro).
Juzgaos vos primero,
antes de juzgar a otro. Ahí hallaréis paz.

Luscinda
Sin embargo, el amor exige sus derechos.

Don Quijote
El amor no tiene derechos;
amor es todo lo que el amor exige. Es la vanidad
la que busca prerrogativas.

Luscinda
¿Quién sois vos, señor?

DON QUIJOTE
Uno que ha aprendido algo de pasar muchas penas.

POSADERA
(Aparece en la puerta).
Señora, la Abadesa llama.

LUSCINDA
Adiós, señor. Señora.

Se levanta, se recoge la mantilla y, mientras habla, hace una profunda reverencia primero a DON QUIJOTE *y luego a* DOROTEA.

DOROTEA
(Mirando cómo se va).
Esa es la doncella que mi marido amaba.

DON QUIJOTE
¿Luscinda?

DOROTEA
Sí.
(Intenta ocultar sus lágrimas).

DON QUIJOTE
¡Ay! ¡Pobre doncella! ¡Pobre esposa!
Ay, llora, hija mía.
—El mundo es un mar de lágrimas—.
Esas benditas gotas que riegan la fe y la esperanza;
sin ellas todo se marchita, se seca y se vuelve más árido.
Por las lágrimas, florece el desierto y de los desechos
brotan rosas.

Entra SANCHO *con el resto de la armadura, la coloca junto a la espada y el yelmo, sobre la mesa, y comienza a limpiarla.*

Don Quijote se vuelve y mira y, mientras mira, la melodía de «Dulcinea» empieza a sonar suavemente.

(Como para sí mismo).
Ay, mi escudo y mi casaca.
Lo había olvidado. Ya es hora de que me arme de nuevo.

DOROTEA
No puede ir. Su herida…

DON QUIJOTE
(Amablemente).
¿No sabéis, señora,
que los que persiguen una aventura caballeresca
llevan vidas encantadas, a prueba de espadas y llamas?

DOROTEA
¡Ay! ¡Ojalá fuera así!

DON QUIJOTE
El encantador.

DOROTEA
No es a él a quien temo, sino a los hombres comunes...
Hombres como los pastores que esta mañana os ataron
y os golpearon.

DON QUIJOTE
Ah, ellos no entendieron que
yo solo buscaba su bien.

DOROTEA
¡Si lo hubieran sabido!
Pues, señor, os podrían haber matado. ¡A vos!

No os quepa duda de que no se puede vivir si uno se expone
   al mundo.

DON QUIJOTE
   ¡Entonces estaría perdido! Señora, no tengo más que una vida,
   y que derramaría en sacrificio como el vino,
   para alcanzar lo más alto. No, debo salir;
   Sancho, ¡mi armadura! Ensilla a Rocinante.

SANCHO ¡Hum! Lo sentía venir. Volvemos a salir en otra loca
   búsqueda. Ahora veo por qué todos estos caballeros estaban
   obligados a tener escuderos. No habrían vivido ni un solo día si
   no hubiera habido uno del grupo con un poco de sentido común.

   Entra en la posada. La música va dejando de sonar.

DOROTEA ¡Cuídalo, Sancho!

SANCHO Confiad en mí, señora. Tengo un reino en las nubes
   que depende de ello.

   Sale de la posada.
   Aparece CARDENIO *en el camino de arriba.*

DOROTEA Cardenio poco sabe lo que le espera.

   Entra CARDENIO.

CARDENIO No consigo encontrar a don Quijote. Pero todo el
   campo está alborotado. Parece ser que se ha topado con dos
   rebaños de ovejas y...

DOROTEA Lo sé. Lo trajo Sancho aquí medio muerto por los
   golpes de los pastores. Ahora está buscando otra aventura.

CARDENIO Entonces el incidente no le preocupa.

DOROTEA ¡Nada le inquieta, sino el temor de no alcanzar el honor más alto que conoce!

CARDENIO A veces pienso que sería mejor tener un ideal loco en la vida, que no tener ningún ideal. Si quisiera que la luna bajara a vivir conmigo, mi existencia se volvería una dichosa ensoñación.

LUSCINDA se queda en la puerta de la posada mirándolos.

DOROTEA *(Señalando).* Haréis que la luna… baje y viva con vos. *(Se aleja por la izquierda).*

LUSCINDA *(Susurrando).* ¡Cardenio! *(Extiende las manos y se acerca como si estuviera aturdida).*

CARDENIO
¡Luscinda! Ay, ¡Luscinda!

Se acercan poco a poco hasta que finalmente CARDENIO levanta los brazos implorando y LUSCINDA se arroja a ellos.

CARDENIO
¿No estáis casada?

LUSCINDA
Nunca he amado a nadie más que a vos, Cardenio.

CARDENIO
¡Y yo, que os creía falsa! ¿Qué castigo
merece tal pecado?

LUSCINDA
¡Ay! Solo este.
(Le besa).
Creo que a veces se apodera de los amantes un frenesí,
una desconfianza salvaje, que abrasa al mundo entero.

CARDENIO
Tal vez, pues estaba loco de celos.

LUSCINDA
Y yo, de ira. Entonces ese extraño caballero...

CARDENIO
¿Don Quijote?

LUSCINDA
Sí, me mostró cuán equivocada estaba.

CARDENIO
(Riendo).
¡Vaya, el mundo al revés! ¿Qué ha dicho?

LUSCINDA
Dijo: «juzgaos vos primero», y, además, «el amor
exige pero el amor no tiene derecho alguno,
tan solo dar y sufrir y alegrarse».
Reflexioné sobre estas extrañas palabras, y, ¡ay, Cardenio!
sentí que mi amor por vos ardía como un fuego
que purgaba la escoria de mi débil alma:
no había lugar para la ira. ¿Veis? ¡Os amo!

CARDENIO
Y yo... ¡ay, amor, me aferro a vos contra el mundo!
Vos sois mi mundo, querida pena de mis días.

Sois mi cielo, porque no puedo soñar con la felicidad más allá de vuestros brazos.

Entra la ABADESA *por la puerta de la posada.*

ABADESA
¡Que los ángeles y los santos nos defiendan!
Luscinda, ¿pensáis llevar el velo?
¿Qué hombre es este?

LUSCINDA
Reverendísima madre, él
es mi prometido.

ABADESA
¿Qué? ¡Don Fernando!

LUSCINDA
¡No!

ABADESA
Otro ¡y prometido! ¿Cuántos hombres
están comprometidos para casarse con vos?

LUSCINDA
Señora, solo dos.
Uno fue elegido por mis padres y el otro
(levanta la cabeza y mira a CARDENIO*)* ¡por mí!

ABADESA
Entonces todo este peligroso viaje ha sido en vano.

CARDENIO
No, ha traído a mi amada a mis brazos.

ABADESA
Os casaréis con ella de buen grado.

CARDENIO
Al instante.

ABADESA
(Levantando las manos).
¡Cómo me desagradan los arrebatos impetuosos de los hombres!

Entra DOROTEA por la izquierda con rosas silvestres en las manos.

DOROTEA
¿Aún suspiráis por la muerte, Cardenio?

CARDENIO
He resucitado de entre los muertos, y así he superado
la sabiduría del cínico.

DOROTEA
Sin embargo, un cínico, señor,
no es más que un amante que ha recobrado el sentido.
(Susurrando).
¿Guardaréis mi secreto?

LUSCINDA
(Dirigiéndose hacia ellos).
¿Conocéis a Cardenio?

DOROTEA
Lo vi con don Quijote.
(Le da las flores a LUSCINDA).

LUSCINDA
  Ese extraño caballero
  determina todos nuestros destinos.

  Entra DON QUIJOTE, *armado, cabalgando por la derecha, seguido de* SANCHO *en el rucio. Algunos* CRIADOS *les siguen, y el* POSADERO *y la* POSADERA *salen y se quedan a la puerta.*

DON QUIJOTE
  ¡Adiós, buenos amigos!
  Las aventuras del mundo exterior me esperan.

DOROTEA
  Ay, esperad…

DON QUIJOTE
  No esperaré más; cuando vea
  la justicia establecida en la tierra,
  nos volveremos a encontrar.

DOROTEA
  ¿Por qué? Entonces nunca nos encontraremos.

DON QUIJOTE
  ¡Adiós!

POSADEROS Y SIRVIENTES
  (Algunos de los cuales se ríen y se burlan de él).
  ¡Adiós!

  Se aleja, seguido por SANCHO, *y se le ve subir la colina. Los* POSADEROS *y* SIRVIENTES *vuelven, unos a la derecha, otros a la posada.*

CARDENIO
(Observándolo).
¡Es un espectáculo extrañísimo!

DOROTEA
El hombre más sabio y valiente que jamás haya respirado.

Mientras DON QUIJOTE *cabalga hasta perderse de vista, un* OFICIAL *y unos* SOLDADOS, *seguidos por un par de* PASTORES *y una pequeña multitud entran por la izquierda por el camino de más abajo.*

OFICIAL Nos han dirigido hasta aquí.

PASTOR Señor, ¿a quién buscáis?

OFICIAL A un peligroso loco que se llama don Quijote.

Consternación.

Armado hasta los dientes, y portando una espada.

Gritos de la gente.

¿Ha estado aquí?

POSADERO *(Temblando).* ¡Oh, no... quiero decir, oh, sí!

CARDENIO
Estáis mal informado sobre don Quijote, señor.

Aullidos de la gente.

PASTOR
Dispersó todas mis ovejas ayer mismo
y me tomó por un emperador.

OFICIAL
¡Suficiente! ¿Sigue aquí?

POSADERO
No, se ha ido.

OFICIAL
¿Desde cuándo?

LUSCINDA
¡Oh, hace ya muchas horas!

OFICIAL
¿Por dónde se fue?

LUSCINDA
(Señalando a la derecha).
Por ahí.

LUSCINDA
Yo nunca juro;
que me creáis o no me es indiferente.

OFICIAL
(A la POSADERA).
¿Decís que se fue por ahí?

POSADERO
¡Oh, sí, oh, no!

OFICIAL
¡El hombre es idiota! ¡Marchen!

Los SOLDADOS *y la* GENTE *salen por la derecha.*

ABADESA
¡Qué triste es pensar que el buen caballero estaba loco!
De no haber sido por él no habríamos cenado.

DOROTEA
(Que no puede contenerse más).
Si él está loco, entonces todos los grandes hombres están locos...
Todos los santos y los héroes. Entonces la visión del cielo,
con puertas de perlas y calles de oro ardiente,
no es más que la visión de un loco. ¿Quiénes son cuerdos
si este buen hombre está loco?
Es peligroso, lo juro, estar demasiado cuerdo.
El mezquino, el ciego, el autosuficiente, que
no pueden ver ninguna visión, ni sentir aires celestiales
sino que se afanan y sudan, para amontonar el oro
      enmohecido
y exprimir los rostros hundidos de los pobres.
Estos son los cuerdos. La respetabilidad
ha drenado sus almas y convertido sus corazones en polvo.

ABADESA
Seguro que ese caballero está loco.

DOROTEA
No lo creo.
En ese gran día que tamiza lo verdadero y lo falso,
los locos serán los cuerdos, y los cuerdos los locos.
Porque cuando la tierra se disuelva y se hunda
solo el espíritu invisible permanecerá,

los grandes ideales, las radiantes y ardientes esperanzas,
las creencias imposibles, con las que los hombres dan forma
    a sus vidas:
todo lo demás se desvanecerá, solo esto vivirá
en la gran ciudad del invisible Dios.

Hay un silencio, entonces LUSCINDA *cruza en dirección a* DOROTEA
y la rodea con su brazo.

LUSCINDA
    Decís la verdad: entremos a rezar.

Se dirigen a la puerta de la posada.

CARDENIO
    (Levantándose).
    Voy a avisar a don Quijote.

LUSCINDA
    (Volviéndose).
    Id con Dios.

CAE EL TELÓN.

– ESCENA II –

De noche. Un brezal. Al fondo hay tres molinos de viento, pero en tal oscuridad que, al principio, no se distinguen. Hay hierba crecida y algunos árboles retorcidos. SANCHO PANZA *está dormido a la derecha, con la cabeza sobre un montículo de hierba: entra* CARDENIO *por la izquierda.*

CARDENIO *(Mirando a su alrededor).* ¡No hay rastro de don Quijote! Este es un lugar de los que le gustan, lo suficientemente desierto y desolado para cualquier caballero andante.

Un búho ulula.

¿Qué es eso? ¿Un búho? Y eso...

Un murciélago revolotea por el escenario.

¿Un murciélago? Pobre caballero, si estuviera aquí los tomaría por mensajeros del Príncipe de las Tinieblas. *(Ve a* SANCHO*).* Por mi alma, ¿qué es esto? ¿Es un hombre o un cadáver?

SANCHO *(Se sienta y se frota los ojos).* ¿Quién sois? ¿Sois un duende, un demonio, un mago o la bruja de Endor?[44]

CARDENIO Amigo Sancho, tu ingenio vaga.

SANCHO ¡Y bien que lo hace! Nadie sabe lo que he pasado en estas últimas horas.

---

[44] La bruja de Endor aparece en la Biblia, en el Primer Libro de Samuel. Era una adivina que podía contactar con los muertos. Esta referencia a una bruja es introducida por Mabel Dearmer, ya que, en el *Quijote*, solo se hace referencia a una bruja en el capítulo XLVIII de la segunda parte.

CARDENIO ¿Has pasado hambre?

SANCHO No, pues tuve la precaución de guardar a buen recaudo lo que sobró de las piernas de ternera.

CARDENIO ¿Sed, entonces?

SANCHO No, capturé al mismo tiempo una botella de vino de Málaga.

CARDENIO ¿Te han atacado?

SANCHO No... no exactamente atacado.

CARDENIO Entonces, ¿qué demonios te pasa?

SANCHO *(Solemnemente).* Mi problema es un problema mental. He perdido a mi amo.

CARDENIO ¿Has perdido a don Quijote?

SANCHO Sí, en efecto, y solo el cielo sabe qué locuras cometerá si se le deja solo.

CARDENIO ¿Cómo lo has hecho?

SANCHO Me mandó bajar por un camino para ver si encontraba a una princesa atada a un árbol al final del mismo. Pero no hallé princesa alguna.[45] Cuando volví se había ido.

---

[45] Se optó por esta traducción a fin de evitar la ambigüedad, ya que la traducción literal sería: «Pero no lo hice», lo que induciría a dudar sobre si lo que no hizo fue obedecer a don Quijote o encontrar una princesa atada a un árbol.

CARDENIO Entonces, ¿cómo es que te encuentro durmiendo?

SANCHO Me estaba preparando para la tarea de descubrir su paradero. Le ruego que me disculpéis, señor, pero...

CARDENIO ¿Qué quieres decir?

SANCHO Si puedo atreverme a preguntarle qué hace usted aquí arriba a estas horas de la noche.

CARDENIO Yo también estoy buscando a don Quijote.

SANCHO Entonces, señor, si me permite seguirle, iremos juntos. Le digo, señor, que, si un hombre se permite ser escudero de un caballero andante, se asustará de su propia sombra.

La luna brilla, proyectando una larga sombra delante de SANCHO.

(*Retrocediendo*). ¡Ay! ¿Qué es eso?

CARDENIO ¿Qué?

SANCHO Ese demonio negro que se arrastra por mis tobillos.

CARDENIO Hombre, esa es tu sombra.

SANCHO (*Aferrándose a él*). Oh, buen señor, sacadme de aquí. La noche se me ha metido en los huesos.

CARDENIO Sancho Panza, ¡eres un cobarde!

SANCHO No señor, todavía no. Pero estoy bastante seguro de que si me quedo aquí más tiempo lo seré.

Pasa un murciélago.

Uf, ¿qué es eso?

CARDENIO *(Riendo).* Seguidme.

Sale por la derecha. Entra DON QUIJOTE *por la izquierda.*

DON QUIJOTE
  Este es el lugar. Llego por fin a la meta.
  Una voz grita «¡alto!» y he aquí que detengo mis pies.
  (Mira a su alrededor).
  Tierra yerma y hambrienta, vacía como el corazón de un avaro:
  y, sin embargo, el aire se acelera al acercarme,
  la hierba es elocuente, las ramas cantan:
  ¡mi campo de batalla está aquí! ¡Aquí! ¡Aquí! ¡Y ahora!
  En mi sangre se agita una evidencia.
  Siento la alegría del amor que aguijonea y abrasa,
  soy un enamorado y mi dama: la fama.
  Roldán persiguió a Morgana por el mundo,[46]
  y yo, a mi destino; de igual modo que sus miembros voladores,
  pulidos y brillantes en medio del verde que los estorba,
  lo llenaron de deseo abrasador, así anhelo yo
  a mi amada. Sin embargo, alcanzado mi deseo,
  me aferraré quizás, no a la vida, sino a los huesos que sonríen.

---

[46] En el Renacimiento italiano, Morgana aparece principalmente en relación con el ciclo de poemas épicos de Orlando (basado en Roldán del histórico Carlomagno). Mabel Dearmer hace aquí referencia al *Orlando Innamorato* de Matteo Maria Boiardo, de finales del siglo XV, donde fata Morgana es una bella, aunque malvada, hada hechicera, hermana del rey Arturo y discípula de Merlín, que vive en su jardín paradisíaco, en una caverna de cristal bajo un lago, y trama la destrucción del mundo. Orlando la derrota, persigue y captura, destruyendo su prisión submarina. Esa persecución de Orlando a Morgana evoca, en un claro paralelismo, a la persecución del caballero a su amada Angélica (Ross 1981).

Su nombre es también Muerte. Todavía la cortejaré,
haré de la Muerte mi amante, mi botín.
Vencida e indefensa en mis brazos hambrientos.
Criaré con la Muerte, engendraré una raza poderosa
criada con mis antiguas esperanzas, alimentada con
    mis sueños,
para llevar mi vida a un mundo ajeno.
Solo los estériles pueden engendrar tales hijos.
Solo la madre estéril engendra multitudes.
Solo los muertos proyectan un credo vivo.
¡Ojalá el enemigo estuviera aquí! Los poderes de la noche
me encontrarán en formas extrañas. No sé cómo,
monstruos del mal, encarnados en la tierra.

La música se desvanece. Algunos murciélagos giran con débiles gritos.

¡Oye, algo se mueve! Me ha parecido oír un grito.
Otra vez, ¿quién viene? ¿Qué ha pasado ante mis ojos?
Un débil y sombrío revoloteo como el de los pájaros,
¡demonios voladores, formas insidiosas de la noche!

Levanta su espada —los murciélagos desaparecen—.

Yo, que tomo la Muerte por novia, puedo reírme de tal...

*Se levanta viento y las aspas de los molinos se mueven ligera-
mente. Al mismo tiempo, se ve un matiz rojo en el este: el sol
naciente.* DON QUIJOTE *observa por un momento en silencio, y
luego estalla en un frenesí salvaje. Música.*

¡Comienza a amanecer! Ajá, ahora os veo,
infecta trinidad del mal, mortífera, asquerosa,
¡gigantes de un millón de brazos! ¡No, si fueran vuestros
    miembros

del mismísimo Briareo,[47] yacerían esparcidos esta noche!
¡Ya no soy don Quijote! A través de mí fluye
la vida de miríadas; todo el pasado olvidado
surge en mí; en mí brota el futuro.
Mi propia vida ¡qué pequeña es, qué pequeña!
¡Con cuánto gusto ofrecida! ¡Ayuda, Dulcinea! ¡Oh!

Una nube pasa por delante del sol naciente atravesándolo. El escenario se oscurece; suenan los gritos de guerra de DON QUIJOTE *y una música fuerte. Cuando se disipa la oscuridad, la música ya no suena. El sol ha salido trayendo la plena luz del día.* DON QUIJOTE *está tumbado de bruces y sin yelmo. Su espada está rota. Rocinante está comiendo cerca tranquilamente. Los tres molinos de viento giran alegremente y un pájaro canta. Solo en este momento debería ser evidente para el público que los monstruos son molinos de viento.*

CAE EL TELÓN.

---

[47] Briareo, en la mitología griega, era un Hecatónquiro —un gigante de cien brazos y cincuenta cabezas, hijo de Urano y Gea—.

LA TERCERA AVENTURA

La aventura con el encantador

El bosque del Duque. *Los* Jardineros *cuelgan guirnaldas de rosas entre los árboles para una fiesta. Hay farolillos y ristras de lámparas que se encenderán más tarde. A la derecha hay un trono de hierba elevado para la* Duquesa *y otros asientos dispuestos en semicírculo.* Cardenio *está sentado a la izquierda en un banco leyendo. Va vestido de gala y lleva una máscara. Un* Mayordomo *que dirige las tareas de los hombres ocupa el centro del escenario:* Antonio, *el primer lacayo, está cerca observándole.*

Mayordomo Esa corona de flores debería estar más alta.

> *El hombre la levanta. El* Mayordomo *retrocede y la observa a través de un encuadre que forma con los dedos.*

Sí. *(Dirigiéndose al primer lacayo).* ¿Qué te parece, Antonio?

Antonio Mejor imposible, señor.

Mayordomo
¿Puedes decirme, Antonio, por qué la Duquesa desea bailar en el bosque cuando podría hacerlo mucho mejor en su propio palacio?

Antonio Yo diría que es porque en palacio podría bailar más fácilmente, por lo que prefiere el bosque.

Mayordomo Eso sí que me parece una razón descabellada.

Antonio *(Mirando hacia* Cardenio). ¡Silencio!

MAYORDOMO ¡No nos oye! Seguro que también está loco. ¡Toda la Corte se ha vuelto loca!

ANTONIO ¿Desde cuándo?

MAYORDOMO Desde que la Duquesa descubrió en el bosque a un lunático infecto llamado don Quijote.

CARDENIO *(Levantando la vista).* ¿Qué nombre dijisteis?

MAYORDOMO Perdón, señor. Me temo que os hemos molestado.

CARDENIO En absoluto. ¿Responderéis a mi pregunta?

MAYORDOMO Con mucho gusto, señor. Don Quijote es un caballero de armas a quien la Duquesa descubrió una mañana mientras cazaba. La Duquesa deseaba que visitase el palacio.

CARDENIO ¿Por qué?

MAYORDOMO Porque ya había oído que el caballero era un hombre muy fantástico y divertido. La fiesta de esta noche va a celebrarse en su honor, y la Duquesa ha ideado ella misma muchas extravagancias para engañarle aún más.

DOROTEA y LUSCINDA entran por la izquierda. Van vestidas de fiesta y llevan máscaras.
LUSCINDA corre enseguida hacia CARDENIO y le saluda colgada de su brazo. DOROTEA, riendo, hace una reverencia.

DOROTEA No pude retenerla. En cuanto dijisteis que nos acompañaríais, se puso inquieta. Os prometo que no volveré a tolerar una boda a la fuga. Pero, dime, Cardenio, ¿has oído algo de don Quijote?

CARDENIO Sí. La Duquesa retiene aquí al pobre caballero para divertirse a su costa.

DOROTEA ¡Qué horror! ¿No se puede hacer nada?

CARDENIO Nada. Pero no será por mucho tiempo. Los soldados siguen buscándole.

LUSCINDA Sería peor si cayera en sus manos.

CARDENIO ¿Lo creéis así? Don Quijote es un hombre orgulloso. Cuando se entere de la broma que le está gastando la Duquesa...

DOROTEA ¡Ay! Me alegro de que hayamos quedado para venir a esta fiesta. Al menos tendrá a sus amigos con él.

CARDENIO Yo también me alegro, pero por otra razón. Don Fernando estará aquí.

DOROTEA Y LUSCINDA ¡Don Fernando!

LUSCINDA esconde la cara en el hombro de CARDENIO, que la rodea con un brazo protector.

CARDENIO Sí, don Fernando. Está de visita por aquí y la Duquesa es su prima; seguro que estará presente. Pero ya es hora de que los cuatro nos pongamos de acuerdo.

DOROTEA se hunde en uno de los asientos y apoya la cabeza en la mano. LUSCINDA deja a CARDENIO, corre hacia ella y se arrodilla a su lado.

LUSCINDA Queridísima Dorotea, ¿os duele mucho pensar en don Fernando? ¿Podéis soportar semejante encuentro?

DOROTEA Necesitaré todo mi valor. Dejadme sola un momento, Luscinda.

LUSCINDA se levanta lentamente y cruza hacia CARDENIO, mirando hacia atrás.

CARDENIO *(A LUSCINDA).* ¿Entonces os ha contado la historia?

LUSCINDA Sí. Se siente muy sola. Creo que se le va a romper el corazón.

Música. Entran el séquito de la DUQUESA y los INVITADOS, algunos con ropa elegante, otros con disfraces, también DON FERNANDO, que no lleva máscara. DOROTEA, LUSCINDA y CARDENIO se enmascaran rápidamente y se retiran al fondo. Entra la DUQUESA, caminando con DON QUIJOTE, y SANCHO le sigue inmediatamente detrás.

DUQUESA ¡Don Quijote, se lo ruego, alégrese! Entreténganos.

DON FERNANDO Cuéntenos un cuento de hadas.

Murmullo de aplausos.

DON QUIJOTE
No traigo risas.
Hace muy poco oí la risa de la Muerte,
herida yacía, mi alma errante.
Hasta que una suave voz me llamó a casa,
de vuelta al dorado verdor de los bosques.

DUQUESA
¿Era mía esa voz?

DON QUIJOTE
No era otra, señora.

DUQUESA
Pues mostradme gratitud y hacedme sonreír.

DON FERNANDO
¿Cuál fue su última gran batalla?

DUQUESA
Me han dicho que
gigantes que poseían un millón de armas cada uno
le atacaron cruelmente.

DON QUIJOTE
(Asombrándose).
¿Quién trajo esa noticia?

DUQUESA
¡Fue un molinero!

Todos ríen.

DON QUIJOTE
¿Por qué un molinero?

DUQUESA
Uno
que conoció íntimamente a esos gigantes, señor...
Gigantes como molinos.

Todos ríen a carcajadas mientras ella extiende los brazos.

DON QUIJOTE
Luché hasta el amanecer.

DON FERNANDO
Así lucharon los héroes.

DON QUIJOTE
Sí, sin buscar resultado ni recompensa,
sino siempre hacia el fin inmortal.
¡Dudar sería una locura!

DUQUESA *(Levantando las manos)*. Por favor, señor, manténgase
cuerdo, aunque otros estén locos.

Todos ríen.

LUSCINDA *(A la izquierda de* DOROTEA*)*. ¡No lo soportaré! *(Se
mueve como si fuera a ir hacia delante)*.

DOROTEA
(Conteniéndola).
No sabe que se burlan de él. Deteneos.
Él se mantiene invulnerable.

DUQUESA
¡Ay, don Quijote!
Es usted demasiado serio. Los caballeros deben ser alegres y
galantes.
Venga, hábleme de Dulcinea del Toboso.

SANCHO *(Interrumpiendo y hablando rápido)*. Oh, alteza, no
le pregunte a él por doña Dulcinea, pregúnteme a mí. Vi a su
gloriosa majestad el otro día, al otro lado de un muro de barro,
sallando patatas. *«¡Hola, Sancho Panza!»* me dijo.

DON FERNANDO ¿Y qué le respondiste?

SANCHO Pues, señor, siendo escudero de un caballero de armas y hombre de alguna importancia, no respondí nada durante un rato. Solo le clavé mis dos ojos y torcí la nariz.
«El oro puede parecer cobre» —le dije—, «y nunca juzgues a un grajo por su plumaje, pues, si no tienes cuidado, mi buena moza, un buen día despertarás y verás que eres una reina».

DON FERNANDO se ríe y, al ver a DOROTEA, se levanta y la sigue, cruzando hacia la izquierda. La DUQUESA se vuelve hacia DON QUIJOTE.

DUQUESA *(Juntando las manos como si rezara).* ¿De qué color son los ojos y el cabello de Dulcinea?

Cuando se dirige a él, DON QUIJOTE se sobresalta. Todo este tiempo ha estado sumido en una ensoñación. No ha oído la interpelación de SANCHO.

DON QUIJOTE
Le ruego me disculpe, señora.

DUQUESA
(Riendo).
No, no, hable.

DON QUIJOTE
(Con dificultad).
Veo a Dulcinea, entonces —pero en sueños—.
Está en pie envuelta por neblina de luz:
el resplandor interior de su hermosa alma
cual si luna oculta ilumina su rostro.

DUQUESA Es usted un poeta, señor.

SANCHO Oh, no, su altivez. ¡Maese don Quijote no es tan malo!

DON QUIJOTE *(Enfadado).* Calla, Sancho.

DUQUESA *(Levantándose y llamando).* ¿Está ahí don Fernando?

DON FERNANDO *(Saliendo de entre la multitud).* ¿Me ha llamado?

DUQUESA *(Descendiendo hacia el centro).* Sí. Te ruego, primo, que me prestes un servicio. Enviad a alguien a la Mancha, donde habita esa dama llamada Dulcinea.

SANCHO *(Descendiendo tras ella).* No, excelentísima, Aldonza de la Granja.

DUQUESA Aldonza, pues.
Mandad por ella rápido, traedla aquí.

DON FERNANDO Con mucho gusto.

DON FERNANDO hace una reverencia y sale por la izquierda.

DUQUESA *(A DON QUIJOTE).* Ahora una antigua historia de amor y lucha.

La DUQUESA se adelanta. La fiesta se puede ver vagamente a través de los árboles a cierta distancia —la mayor parte de la Corte la sigue tranquilamente—. DON FERNANDO regresa y ve que DOROTEA está sentada sola. Lleva una máscara y su mantilla. DON FERNANDO se acerca a ella.

DON FERNANDO *(En voz baja).* Señora, soy su servidor.

Dorotea *se inclina un poco y sacude la cabeza.*

Pero estas palabras
parecen un eco de un pasado turbio;
creo que las pronuncié en otra vida.
Hace un millón de años, cuando éramos amigos...
¿O éramos enemigos?

Dorotea
  (En voz baja).
  Los más íntimos.

Don Fernando
  Entonces no podemos ser extraños.

Dorotea
  Señor, el pasado
  cuando se deja atrás, ya no vuelve.

Don Fernando
  (Con cierta emoción).
  Las lágrimas pueden traerlo de vuelta.

Dorotea
  Ni las lágrimas, ni las oraciones, ni esperanza alguna del
    hombre.

Don Fernando
  ¡Son amargas tus palabras!

Dorotea
  Sin embargo, ¡mis palabras son verdaderas!

Don Fernando
  El amor puede hacer de la verdad una mentira.

DOROTEA

(Con tristeza).
No, el amor es la verdad.
Porque solo el amor puede mirar la traición
y seguir siendo de verdad.

DON FERNANDO

Pero parece que el amor puede juzgar.

DOROTEA

El amor es omnisciente; y, sabiéndolo todo,
se aferra a una sentencia. Si pecar es humano,
más humano aún es amar, Fernando.

DON FERNANDO

(Le coge las manos y se las besa).
Perdóname, ay, perdóname, Dorotea.

DOROTEA

(Medio riendo y medio llorando).
¡Nunca, mi señor!

La besa y, al aparecer otras PERSONAS, se alejan. La DUQUESA vuelve por entre los árboles, con la mano en el brazo de SANCHO; DON QUIJOTE la sigue malhumorado.

DUQUESA Y cuando vuestro amo haya encontrado a Frestón, tengo entendido que seréis hecho rey de una de sus muchas islas.

SANCHO *(Consternado).* ¡No, señora, rey no!

DUQUESA *(A DON QUIJOTE).* Dijisteis que iba a ser rey, ¿verdad?

DON QUIJOTE *(Casi con impaciencia).* Señora, no puedo decirle. Creo que sí.

DUQUESA ¿Qué os disgusta de tal idea, Sancho?

SANCHO Pues que si yo fuera rey, mi mujer tendría que ser reina, ¿no?

DUQUESA Sin lugar a dudas.

SANCHO La verdad, señora, es que Teresa Panza no me parece una reina. Ese es el problema. Es muy buena lavandera, pero... *(Mira a la DUQUESA).* ¡Quizá duquesa sería mejor título para ella!

DUQUESA *(Riéndose).* ¡Muestra usted una bonita distinción, Sancho!

SANCHO No estoy seguro de que Teresa Panza pueda ostentar un título tan inferior como el de duquesa.[48]
¡Ahora mismo el de condesa —o el de baronesa— o incluso el de una vulgar dama podrían convenirle más!

Entra ANTONIO por la derecha. Llega muerto de risa y tirando de un asno sobre el que se sienta una campesina tosca y desaliñada.

DUQUESA ¿A quién tenéis aquí?

ANTONIO *(Inclinándose).* ¡Esta es Dulcinea del Toboso, señora!

Todos ríen y repiten el nombre. La muchacha salta torpemente del asno y se queda retorciéndose las manos confundida.

DUQUESA
¡Belleza incomparable! Oh, la flor más hermosa.

---

[48] En el original se lee «an inferior title», sin embargo, el título de duquesa es el de rango superior en Inglaterra, seguido de los de condesa, dama («dame»), baronesa y señora («lady»). Posiblemente Mabel Dearmer haya puesto este error en boca de Sancho para provocar comicidad.

PRIMERA DAMA
¡Sus labios son de coral!

SEGUNDA DAMA
¡Y su cuello es perla!

TERCERA DAMA
¡Es una palmera doblada llena de dátiles!

DUQUESA
¡Y ved su hermosa vestimenta!

PRIMERA DAMA
¡Mirad su corona!

SEGUNDA DAMA
El deslumbrante Oriente carece de tales joyas.

DON QUIJOTE ha bajado, y se queda mirando asombrado primero
a la muchacha y luego a la DUQUESA y a las demás DAMAS.

DON QUIJOTE
¿Es una doncella del campo?

TODAS
¡Qué vergüenza, señor caballero!

DUQUESA
Estos son los ojos que atrajeron tu corazón cautivo,
y este el pesado cabello que extiende una malla
para mantenerlo prisionero. Su belleza deslumbra,
lo ciega a uno como el sol. ¡Contemplad a vuestra reina!

DON QUIJOTE
Mis ojos están nublados, y para mi engañoso sentido

el mundo no es más que una sombra en un estanque
inestable e invertido.

DUQUESA
　¡Hay magia aquí!
　¡Dices que viste a Dulcinea!

DON QUIJOTE
　Antes de mi aventura.
　Por mi vida que la vi.

DUQUESA
　Entonces este cambio
　se debe al encantador Frestón.

TODOS
　(Un murmullo de voces).
　¡Ah!
　¡Frestón, sí, Frestón!

DON QUIJOTE
　Cierto, quemó mis libros,
　Y, sin embargo —y sin embargo— señora, me he vuelto
　　　taciturno,
　inseguro de mí mismo.

DUQUESA
　Sois un caballero.
　Vuestro juramento debe ataros. Vamos, señor, arriba y armaos,
　montad al bravo Rocinante, saludad a vuestro enemigo.

DON QUIJOTE sacude la cabeza con tristeza. Entran el OFICIAL
y SOLDADOS.

OFICIAL *¡Alto!*

*Se oyen gritos. Ante la consternación general, ALDONZA salta
sobre su asno y cabalga hacia la derecha. La gente se agolpa
alrededor de los SOLDADOS.*

DUQUESA ¿De dónde venís?

OFICIAL ¡Señora, disculpe esta intromisión!
Tenemos una orden de nuestro señor el Duque.

DUQUESA ¡Una orden!

OFICIAL Sí. Para registrar estos bosques esta noche.

DUQUESA ¿A quién buscáis?

OFICIAL Un loco, salvaje pero astuto.

DON QUIJOTE
¡Pobre vagabundo! Tened cuidado con él, señores,
habita en las tinieblas. Ha perdido su camino,
y por eso debe ser recibido con cortesía.

OFICIAL
Señor, primero debemos atrapar a nuestro payaso,[49]
luego pensaremos en la cortesía.

Todos ríen.

DON QUIJOTE
Lo sé
os burláis de él incluso ahora.

---

[49] La expresión original *Merry Andrew* se utiliza para referirse a un comediante, payaso o bufón.

(Se vuelve hacia la DUQUESA*).*
Señora, a vos,
que sois el alma de la bondad, encomiendo
esta atribulada criatura: sus fantásticos sueños
no os traerán sonrisas, sino triste compunción;
vuestra piedad descubrirá su corazón desgarrado,
y despejará la oscurecida ventana de su mente;
vuestra caridad lo consolará en paz.
Y ahora, adiós. Señora, a vuestras órdenes
busco nueva guerra. Gracias por vuestros cuidados.
Al conoceros he conocido la ternura,
generosa compasión y noble comprensión.

Al principio de este discurso, la DUQUESA *se pone en pie como para protestar, luego mira a* DON QUIJOTE *lastimeramente, y al fin se levanta con la cabeza inclinada, como un cuadro de autorreproche.* DON QUIJOTE *hinca la rodilla para besarle la mano y luego se levanta.*

DON QUIJOTE Adiós, y adiós a todos. De nuevo os doy las gracias.

DUQUESA *(Vencida y tratando de contener las lágrimas).*
No pensé…no adiviné…adiós. *(Empujando y llorando).*

Se va por nuestra derecha, seguido de SANCHO*, abriéndole paso los* SOLDADOS*. Todos permanecen inmóviles en silencio, avergonzados de sí mismos.*

OFICIAL ¿Quién es este caballero?

La DUQUESA *no contesta: sigue inmóvil con la cabeza agachada; se oye un murmullo en la Corte.*

TODOS Don Quijote de la Mancha.

OFICIAL *(Enfadado).* ¿Estamos todos locos? Este es el canalla que buscamos, el bribón pestilente que hemos perseguido por montes y valles durante los últimos cinco días. De nuevo se nos ha escapado… ¡Idiotas! ¡Idiotas! Traed la jaula.

Van, y mientras se preparan para acercarle la carreta tirada por dos asnos, sobre la que se alza una gran jaula, DOROTEA, que está llorando, se ha acercado a la DUQUESA y cae de rodillas.

DOROTEA ¡Ay, señora, salvadle! Estos hombres no conocen a don Quijote. No saben que esta locura de la caballería no es más que la voluntad del ingenio que ciega a una gran mente. Pues, señora, don Quijote es tan sabio que posee toda la sabiduría de este mundo.

DUQUESA *(Con tristeza).* No llegó a saber lo que albergaba mi corazón.

DOROTEA Ay, señora, sí. Conocía sus bondades mejor que usted misma.

La DUQUESA se vuelve y ve la jaula. DOROTEA se levanta y se queda mirándola consternada.

DUQUESA *(Con brusquedad).* ¿Qué es esto? ¿Has venido a atrapar a una bestia?

PRIMER SOLDADO Nuestras órdenes son atarlo y escoltarlo con cuidado en esta jaula hasta la Mancha, donde pueda ser puesto a disposición de la autoridad competente.

DOROTEA ¡Atar a don Quijote! Imposible. Antes se le rompería el corazón.

OFICIAL Estas son mis órdenes.

DUQUESA Entonces lo dejaré aquí conmigo.

OFICIAL Señora, no puedo dejar que haga eso.

CARDENIO ¿Por qué no os lleváis a don Quijote a su casa de la Mancha?

PRIMER SOLDADO Porque es imposible conseguir que se quede en casa.

CARDENIO Ahora se quedará en casa, os lo prometo. Me han dicho que su sobrina y su ama de llaves lloran a mares por él.

PRIMER SOLDADO Mientras esté controlado, su casa servirá tan bien como cualquier otra. Pero debe ser controlado.

DUQUESA
(Mirando alrededor de la jaula).
¡Ay, pero esa jaula! ¡Esa jaula!
(Entierra la cara entre las manos, luego levanta la vista y habla como para sí).
Quisiera reparar
enmendar un mal demasiado profundo.
(De repente sonríe y junta las manos).
¿Dónde están los mimos?
¿Los demonios, entrenados para representar nuestra
    mascarada esta noche?

DEMONIOS ¡Aquí, señora, aquí!

Los DEMONIOS salen de detrás del árbol.

DUQUESA
Aún podéis usar vuestras artes,

pero para mejor servicio que provocar unas risas.
(A Antonio).
Trae a don Quijote, di que le suplico ayuda,
me amenaza un desastre.

Oficial Por favor, señora…

Duquesa
  ¡Espere!
  Créame, verá a su víctima enjaulada,
  pero por voluntad propia. *(A los Demonios).* Ahora
      quedaos aquí.
  Y cuando entre don Quijote, deslizad el cerrojo.
  Entonces, conducidle a la Mancha.

Oficial Sí, pero nosotros...

Duquesa
  Ustedes, señores, pueden seguir. A la mínima insinuación
      de fuerza
  ¡mi estratagema quedará frustrada!

  Los Soldados retroceden.

Don Fernando Oh, excelente.

Duquesa
  Vuestra Duquesa está en peligro: en su ayuda
  viene el caballero, para desbaratar las hechicerías.
  Su caballerosidad le atraerá a esta jaula.

  La Duquesa se vuelve hacia la jaula e instruye a los Demonios.
  Don Fernando y Dorotea se acercan.

DON FERNANDO
¡Un ingenioso plan! Sin embargo, para mi celosa mente
solo una mujer podría llevarlo a buen puerto.
(Coge la mano de DOROTEA*).*

CARDENIO
(Bajando tras él).
La mujer siempre es más lista
(así dice el refrán)
que el hombre que la conquista.

DON FERNANDO *(Sorprendido).* ¿Me conoce, señor?

CARDENIO ¡Soy Cardenio!

DON FERNANDO se sobresalta y se lleva la mano a la espada.

DOROTEA *(Muy preocupada).* ¡Ay, esa mano quieta!

DON FERNANDO *(Riéndose y dándose la vuelta).* Bueno, bueno,
dejo mi mano quieta.

LUSCINDA
¡Entonces mi gratitud será mayor que vuestra cólera!

DON FERNANDO
¡Luscinda, eres tú!

LUSCINDA
El pasado está totalmente olvidado,
y toda la intrincada maraña de nuestros agravios.
Me mentiste, Fernando, y yo a ti,
podemos quedar en tablas, y reencontrarnos ahora como
verdaderos amigos.

DON FERNANDO
¡Pues entonces nos encontraremos en el cielo!
¡Puedes poner tu mano en el fuego!
¡Y la tuya, Cardenio! Esta es mi esposa.

La jaula ocupa ahora el centro del escenario, y la DUQUESA, *habiendo reunido a sus* DEMONIOS, *se sitúa ante ella. Está atardeciendo, tenues haces de luz brillan entre los árboles.* DON QUIJOTE *entra armado, montado en Rocinante, seguido de* SANCHO. *Desmonta, un criado coge el caballo hasta que* SANCHO *pueda desmontar y sujetarlo. El criado coge entonces el burro.* DON QUIJOTE *se inclina ante la* DUQUESA.

DON QUIJOTE *(Inclinándose ante la* DUQUESA*).* Señora, qué necesitáis.

DUQUESA
En lo que veis allá lejos
se erigen las negras cohortes del encantador Frestón,
que, habiendo oído rumores de alguna atención que os presté,
me convirtió en su enemiga.

DON QUIJOTE
Decid una palabra y desenvainaré
una espada implacable sobre estos demonios.
Si es que son demonios.

DUQUESA
¿Y podéis dudar,
cuando hasta vuestro escudero tiembla?

SANCHO
(Que ha dejado a Rocinante y trata de escapar).
¡Magos! ¡Demonios!

¡Ajá! Huelo el fuego.
(*Es capturado y traído de vuelta*).
¡Me quemo! ¡Me quemo!
¡Y pensar que tuve que vivir para ver este día!

DON QUIJOTE
Voy. Traedme mi caballo.

DUQUESA
Es inútil, señor
enfrentarse a este mago con justa caballerosidad;
aquel que pudo convertir a Dulcinea
en una moza desaliñada, tiene maleficios
que no podemos nombrar. Pide que vayáis a él
transportado en esta jaula. Si os negáis, ataca,
y me ataca a mí.

DON QUIJOTE
¿Cómo queréis que luche?

DUQUESA
No tengo elección.
(*Abre la puerta de la jaula*).
Id y salid a su encuentro así.

DON QUIJOTE
¿Enjaulado como una bestia?
(*Considerándolo*).
Aquí hay algún engaño.

DON FERNANDO
(*Aparte a* DOROTEA).
Está más cuerdo de lo que creían.

DON QUIJOTE *se da la vuelta y se va*.

Duquesa
¿Me dejáis, entonces?
¿Víctima del odio vengativo?

Don Quijote
(Volviéndose enardecido).
Señora, por vos iría a encontrarme con Lucifer,
pero no transportado en una jaula.

Duquesa
¡Entonces estoy perdida!

Don Quijote
(Dudando).
¿Dónde me espera?

Duquesa
En el mismo lugar
en el que una vez quemó vuestros libros.

Don Quijote
¡Mis libros! ¡Mis libros!

Música —comienza a sonar la melodía de «Dulcinea» y continúa hasta el final—.

Débil pero imperioso llega el mandato,
la llamada destinada a toda difícil hazaña.
Pero, en esta guerra fantástica, una vez tras
esos barrotes de madera soportaré la burla del tiempo,
seré el hazmerreír de los bobos.

Música.

¡Otra vez esa música!
Ninguna causa sobre la faz de la tierra fue jamás defendida
    por alguien
que huyera del ridículo. Si temiera
la carcajada del mundo, rebautizadme,
no seré más don Quijote.

Se acerca a la jaula y se detiene. La DUQUESA *le hace señas.*

Señora, voy.

DUQUESA
  ¡Y con vos se va mi corazón!

DOROTEA
  ¡Y el mío!

LUSCINDA
  Y el mío.

DON QUIJOTE
  (A DON FERNANDO*).*
  ¡Protege bien a tu mujer!
  (A DOROTEA*).*
  ¿Nos volvemos a ver?

DOROTEA, LUSCINDA, CARDENIO
  ¿Dónde?

DON FERNANDO
  ¿Dónde?

DON QUIJOTE
  ¡Dónde sino en la Mancha! *(Entra en la jaula).*

Ahora, ¡adiós, adiós!
Adelante, extraños aurigas.

Todos
  ¡Adiós! ¡Adiós!

La Duquesa *y las* Damas *mueven pañuelos y bufandas. Lo transportan los* Demonios, *que apremian a los asnos. Uno lleva a Rocinante. Los* Soldados *los siguen.* Sancho *cierra la retaguardia, montado en el rucio.*

CAE EL TELÓN.

Epílogo

El jardín de la casa de DON QUIJOTE. *El lado izquierdo de la casa, con la ventana de la biblioteca a la vista. Hay una terraza elevada a lo largo de toda la parte trasera: un árbol y un asiento a la derecha, otro árbol a la izquierda. Una mesa pequeña y una silla de respaldo alto en el centro a la izquierda. El* AMA DE LLAVES *está sentada bajo el árbol de la derecha y la* SOBRINA *está de pie junto a la mesa vigilando la ventana.*

AMA DE LLAVES
  Señora, sus ojos se cansarán de tanto mirar.
  El cristal de la ventana no dice nada.

SOBRINA
  A mí me habla:
  porque, de vez en cuando, una sombra en el cristal
  —una sombra intermitente— viene y se va.
  ¡Mira! ¡Mira! ¡Mira! Ahora se oscurece.

AMA DE LLAVES
  (Levantándose y cruzando hacia ella).
  Es mi amo.

SOBRINA
  Encerrado en la biblioteca, camina pausado,
  como un fantasma secuestrado.

AMA DE LLAVES
  Esa es su voluntad.
  Nos dijo a todos que nos fuéramos, y giró la llave.

Entra en escena el CURA *desde la casa.*

SOBRINA *(Corriendo hacia él)*. ¡Ay, doctor Pérez, diga! ¿Qué noticias hay? ¿Qué noticias hay?

CURA *(Solemnemente)*. Don Quijote ha regresado de su última aventura.

SOBRINA ¿Ha recobrado la razón? Cuéntenos, rápido.

CURA
Si es razonable ser infeliz,
la ha recuperado. Pero, a mi torpe juicio,
cortejar el arrepentimiento y rumiar el pasado,
hasta que el recuerdo obstruya el paso a la esperanza,
es una locura mayor que la caballería andante.

AMA DE LLAVES ¿Entonces es consciente de su locura?

CURA
La lleva escrita a fuego
en su alma. Se ve a sí mismo como
el objeto de burla de todos esos años, y su gran ambición
hecha añicos de repente y tornada en mera estupidez.

SOBRINA *(Rompiendo a llorar)*. ¡Nunca supimos de su sabiduría hasta hoy!

Entran la DUQUESA, DOROTEA, DON FERNANDO, LUSCINDA y CARDENIO, precedidos por SANCHO.

SANCHO Pasen, damas y caballeros. Este es el palacio del gran y valeroso don Quijote de la Mancha.

DON FERNANDO Comúnmente conocido como el Caballero de los Molinos de Viento.

SANCHO Y estas, damas y caballeros, son su sobrina y su ama de llaves.

Todos se inclinan y hacen una reverencia. La DUQUESA habla con la SOBRINA: CARDENIO baja, SANCHO habla con CARDENIO.

Si las pinchan no sangran.

CARDENIO ¿Por qué?

SANCHO Tienen tantísimo miedo de no saber comportarse ante una Duquesa…

CARDENIO ¿Y qué hay de ti?

SANCHO Oh. No soy más que un hombre común —me supera la etiqueta—.

AMA DE LLAVES *(Bajando).* ¡Anda y que te aspen, Sancho Panza!

DUQUESA Buena ama, venimos para tener noticias del Caballero.

SOBRINA *(Dirigiéndose al DR. PÉREZ).* ¡Usted lo vio por última vez!

DUQUESA Entonces usted, señor, puede iluminarnos.

El CURA hace una reverencia.

AMA DE LLAVES Este es el Dr. Pérez, señora, que tiene la cura del alma de mi amo.

SANCHO *(Con indignación).* ¡La cura, sí! Cúrese usted, señora, antes de hablar de curar a mi amo. Su alma está bien, son sus sesos los que se han embotado.

La Duquesa *levanta las manos en señal de reproche y* Sancho *se retira avergonzado.*

Duquesa ¿Qué nos podéis decir de don Quijote?

Cura Solo que ya no es don Quijote, sino maese Quijada.

Duquesa *¿Entonces ya no es caballero?*

Cura No, señora. Se le ha pasado el delirio, pero es muy desgraciado.

Sancho ¡No es caballero! ¡Por la espada de Amadís! —entonces no soy escudero—.

Sobrina ¡No, ni nunca lo fuiste!

Ama de llaves ¡Cuanto antes te vayas, mejor!

Sancho Nunca me iré. Mi lugar está al lado de mi amo. Solo la pala del sepulturero nos separará. ¿Crees que no conozco mi deber, después de las enseñanzas que he recibido?

Ama de llaves Insolente advenedizo.

Dorotea No, no, no reprendáis al honrado Sancho; yo os puedo decir que estuvo al lado de maese Quijada cuando todo el mundo se volvió contra él.

Sancho Sí, ¡por supuesto que lo hice! Y, más aún, estuve con él en varios lances, que fueron también muy sanguinarios, terminando cubiertos hasta arriba de heridas, de tajos y de golpes mortales.

Don Fernando ¿Qué hiciste por él?

Sancho Cuidé de su cuerpo, desde luego, mientras su cerebro estaba en las nubes. Pero cuando venga, podrá hablar por sí mismo.

Cura *(Al Ama de llaves).* ¡Estoy seguro de que oí a maese Quijada decir que no deseaba recibir visitas hoy!

Ama de llaves Sí, lo dijo, pero no creí que se refiriera a esta buena compañía.

Duquesa *(Escuchándola).* Nos iremos si su amo no desea vernos. *(Al Cura).* Pero ¿dijo usted que era infeliz?

Cura Es muy desgraciado.

Duquesa ¿Por qué razón?

Cura No puede olvidar su locura.

Duquesa *(Dudando).* Pero he hecho un largo viaje. Tengo que verle.

Cura *(Señalando la casa).* Mira, ya viene.

Duquesa *(Cogiendo la mano de Luscinda).* ¡Escondámonos detrás de esos árboles y vigilémosle, Luscinda! Después podremos escabullirnos en silencio.

Luscinda Eso no haría ningún daño, señora.

Duquesa Venid, entonces, Cardenio y tú, conmigo —Fernando con Dorotea—.

Luscinda, Cardenio y la Duquesa se escondena la izquierda.
Dorotea y don Fernando se esconden a la derecha. El Ama
de llaves con Sancho se sitúa al fondo, mientras la Sobrina
corre hacia don Quijote, que le pone una mano en el hombro.
Don Quijote parece muy abatido y triste.

Don Quijote
Bueno, niña, ¿cómo va el mundo cotidiano de la casa?

Sobrina
Muy triste, tío, desde que te fuiste;
la casa parece cada día más oscura y vacía,
y, como tu galgo escucha, en alerta, anhelante,
pero ansiosa de una palabra de su amo.

Don Quijote
¿Entonces, me echas de menos?

Sobrina
No puedo hablar de ello.
Las horas están vacías como la casa,
las tardes en blanco y sin provecho. Las novelas de
     caballerías,
preciosas y coloreadas, como un tapiz,
salpicadas de la rosa del amanecer y del oro del atardecer,
están escondidas para siempre. El deber, aburrido y lúgubre,
y monótono, y solo el deber, llena mis días.
Cocinar, limpiar, vestirse, caminar, comer,
esta es la esperanza y el propósito de nuestras vidas.

Don Quijote
(Con curiosidad).
¿Qué aprendiste de mis extraños y sombríos cuentos
de caballeros, damas y reyes olvidados?

SOBRINA
Aprendí que la muerte es, a veces, hermosa,
aún más hermosa que la vida,
y que sería en vano vivir sin honor.

DON QUIJOTE
¿Eso aprendiste?

SANCHO *(Acercándose)*. Amo don Quijote.

DON QUIJOTE
¡No, Quijada ahora! Muerto está el nombre de mi humillación,[50]
pues todo mi corazón se exhibe desnudo ante el mundo,
y traspasado por risas envenenadas. El ridículo
puede llevarse viva el alma imperecedera:
el diablo no necesita hacer más que sonreír, y,
sin más, la víctima vacila ante su mano.

SANCHO No entiendo todo esto, vuesa merced.

DON QUIJOTE Sancho, es justo que te pida perdón por haberte
conducido por los tortuosos caminos de mi locura.

SANCHO ¡Ay, señor, no hable así! Nuestras andanzas nos han
dado la oportunidad de encontrarnos con excelente compañía.

DON QUIJOTE Ay, cuando pienso en lo que ha pasado, no puedo
contenerme. *(Camina rápidamente arriba y abajo)*. Hice de
una moza campesina mi reina de perfección. Luché con ovejas,

---

[50] Mabel Dearmer utiliza *humility* en lugar de *humiliation*, pero, dado
que el significado de humildad encaja peor que el de humillación en
este contexto, la traductora entiende que la autora optó por *humility*
por cuestiones de rima, pues *humiliation* no encajaría en el patrón del
pentámetro yámbico con el que habla su don Quijote.

imaginando que eran ejércitos de reyes. Entablé batalla sobre las velas flotantes de un molino de viento y, al final de todas mis hazañas, me llevaron a mi propia casa en la jaula de un loco. Este es el registro de mis hechos.

SANCHO Bendíganos y sálvenos, señor, no se lo tome tan a pecho. Y tampoco pierda la esperanza. Diez a uno a que si yo ensillara a Rocinante y saliera en este momento encontraríamos a la señora Dulcinea desencantada y tan fina como una reina otra vez. Nunca se sabe lo que puede pasar.

DON QUIJOTE Nunca la encontraremos, Sancho. No existe excelencia sin par en toda esta sórdida tierra. He malgastado mi vida con un sueño, y ahora...

SANCHO ¿Y ahora, amo, y ahora?

DON QUIJOTE
   A comer, a dormir, y luego, Dios mediante, ¡a morir!

SANCHO No, no; ¡todavía no, todavía no!

DON QUIJOTE
   Ningún alma viviente
   ha sido beneficiada jamás por mi vida.
   Voy al polvo como del polvo broté,
   infructuoso e inútil, corazón y mano vacíos.
   Pero déjame solo.

   Se van todos. DON QUIJOTE se levanta y camina arriba y abajo.

   Estos días incompletos
   me arrastran al abismo. Me parece tocar
   el borde mismo de la vida —gran espacio desplegado,

donde revolotean todas las almas rotas de los hombres,
atrapadas en la red del ser—.

Durante este discurso Dorotea *ha salido sigilosamente de su
escondite con* Don Fernando *a la izquierda tras ella,* Luscinda
se arrastra desde el suyo a la derecha y la Duquesa *al centro.
Salen poco a poco.*

Dorotea
Señor, yo...

Don Quijote
(Sin volverse).
¿Quién es usted?[51]

Dorotea
¡Dorotea!

Don Quijote
¡Déjeme!

Dorotea
¡No! No hasta que oigáis el bien que me habéis hecho.

Don Quijote
(No se vuelve en absoluto, pero mira hacia delante).
¿Qué he hecho por usted?

Dorotea
Vos me dijisteis primero
que el amor podría ver desvanecerse la rosa de la pasión

---

[51] Él, como Alonso Quijada, trata ahora a Dorotea de «usted», pero ella,
que sigue viéndolo como don Quijote, lo sigue tratando de «vos», con la
fórmula de educación propia de los libros de caballerías.

y seguir siendo amor. Vuestra fe en la vida se mantuvo firme, a prueba de pruebas, impermeable a la desesperación.

DON QUIJOTE
Estaba equivocado.

DOROTEA
No, el hecho está consumado.

DON FERNANDO se une a ella y ella le toma la mano.

Habéis conseguido devolverme mi honor y mi hogar, aquí está mi marido.

DON QUIJOTE entierra la cara entre las manos y parece que está llorando.

DON FERNANDO
Os garantizo que es verdad, pase lo que pase.

LUSCINDA está ahora de pie tranquilamente al otro lado con CARDENIO.

LUSCINDA
Señor, ¿puedo hablar?

DON QUIJOTE
(Sin mirar).
Otra y otra: hablad.

LUSCINDA
Habéis refrenado mi furioso corazón y sometido mi orgullo a mi felicidad. Si no fuera por vos, nunca me hubiera casado.

CARDENIO
Yo, con Luscinda, busco vuestra bendición, señor; la buena
fortuna llamó a mi puerta el día en que nos conocimos.

DON QUIJOTE
¿Por qué debes tu fortuna a la palabra de un loco?
¡Un caballero de las sombras valiente con las ovejas,
un poderoso asesino de molinos de viento!

La DUQUESA *se sitúa ahora sola en el centro, justo detrás de él.*

DUQUESA Ay, don Quijote.

DON QUIJOTE *(Levantándose, pero dando la espalda).* ¡Esa es la
voz de la Duquesa! Bien sabía ella reírse del tonto del mundo,
el bufón.

DUQUESA
Querido señor, vengo con profunda humildad
para presentarle mi más sincera gratitud.
Con usted encontré…

DON QUIJOTE
(Burlándose y mirando a las dos parejas).
¿Qué? ¿No sería otro marido?

DUQUESA
No, ¡pero un corazón!

DON QUIJOTE
¿Un corazón?

DUQUESA
Vuestra noble fe
en todo lo que pude haber sido, fue como un hechizo

que me atrajo irresistiblemente, y puso,
contra el insensible impulso de mi voluntad,
el bello amor entronizado en un corazón recién nacido.
Y, amando a todos, no puedo hacer daño a nadie.

*Don Quijote se vuelve y permanece con la cabeza inclinada
ante la Duquesa: ella avanza con las manos extendidas.*

Hasta que llegasteis vos —cuya mirada se fijó tan alto que no
    podía abarcar traición ni rencor—
apenas me conocía.

Don Quijote le coge las manos.

Don Quijote
(Con emoción).
Estoy abatido,
más humilde en mi esperanza que en mi vergüenza:
vos dais sentido a mi locura más salvaje
y habéis descubierto mis ocultos manantiales.[52]

Dorotea
Fueron vuestros hechos los que os descubrieron, querido señor,
¡y no nuestra sabiduría! Ved que vuestra aventura ha
    terminado,
vuestros gigantes están muertos, y vuestro hechicero
    frustrado.

Duquesa
Cada uno de los que estamos aquí es testigo:
Fernando, Dorotea, Cardenio,
Luscinda, y mi humilde persona.

---

[52] La traductora ha optado por hacer que don Quijote se exprese de manera poética, como el original, cuando vuelve a su ensoñación caballeresca.

DON QUIJOTE
(De buen grado).
Me hacéis creer que Dulcinea no ha muerto.

Música. La visión de DON QUIJOTE *emerge poco a poco a lo largo de la terraza. Las figuras están ahora inmóviles, y detrás de una gasa para indicar que no tienen vida propia, sino que son meros símbolos hermosos.* DULCINEA *está en el centro y los* CABALLEROS *y* DAMAS *agrupados alrededor.*

DON QUIJOTE
¿Oís música?

LUSCINDA
Pequeñas brisas cantan
alegremente a mi corazón.

DON QUIJOTE
¿No veis nada?

DON FERNANDO
Veo un repentino florecer sobre las colinas.

CARDENIO
El jardín brilla con una luz inmortal.

DOROTEA
Y la fragancia cae como un fugaz aroma de tomillo.

DON QUIJOTE
(Se adelanta y habla a los FANTASMAS*).*
Fantasmas del pasado, ahora os conozco.
Amadís, Roldán, Arturo, Carlomagno,
desde lejos de la cuna del mundo venís

en novelas de caballerías y con belleza absoluta.
Dulcinea, ay, Dulcinea, de mis sueños,
te conozco también, de cerca y, sin embargo, tan lejos.
El sol sin ti sería una bola de fuego,
la luna una cáscara vacía. En mares lejanos
tienes tu morada, y en los vientos impetuosos
barres un horizonte lejano. Con tu sonrisa
traes la visión de una primavera más azul
un verano más blasonado; el oro mágico
facilita tu funeral de los bosques;
invisible para todos, todos conocen tu tacto,
porque aún tu imperio es el alma del hombre.

La visión se desvanece gradualmente.

Desaparecéis de mi vista pero no podéis morir.

*Cuando la visión se desvanece, se vuelve con un marcado cambio
de actitud: ahora es brusco, enérgico y lleno de fuego, como era
en el Prólogo.*

Ahora por un mundo en el que cada día es glorioso,
¡un triunfo de lo común inmortal!
Ahora no hay gigantes, ni dragones, ni magos,
ni don Quijotes.

Dorotea
  No, no estés tan seguro.

Don Fernando
  Mientras dure la naturaleza humana
  Quijote vivirá, para asistir a su antigua cita.

DON QUIJOTE
Para arremeter contra molinos de viento y pelearse con ovejas,
su luz era oscuridad.

DOROTEA
No, su oscuridad, luz.

LUSCINDA
¡Un señor muy cortés y un perfecto caballero!

CARDENIO
Sus mentiras, todas verdades, y sin embargo su verdad, toda
mentira.
Su sabiduría, locura y su locura, sabiduría.

DON QUIJOTE ¿Sabio, decís? ¿Sabio?

DUQUESA
¡Basta! A él le fue otorgada
esa sabiduría mundana que se origina en el Cielo.
Y ya sea el mundo su enemigo o su amigo,
don Quijote es don Quijote hasta el final.

CAE EL TELÓN.

FIN

Don Quijote. Una obra de teatro romántica
se preparó para su publicación en el estudio
de Pandiella y Ocio (Oviedo, España)
y se compuso con las tipografías
Minion Pro (Adobe) en la tripa
y Kiperman (Harbor Type)
en la cubierta.